Jodokus Rauschebart

Lachen über Wissenschaften

Jodokus Rauschebart

Lachen über Wissenschaften

und das tägliche Leben

Verlag: BoD · Books on Demand GmbH, In de Tarpen 42, 22848 Norderstedt,
bod@bod.de

Druck: Libri Plureos GmbH, Friedensallee 273, 22763 Hamburg

ISBN: 978-3-8482-1257-6

Inhaltsverzeichnis

Unvermeidliche Vorbemerkungen

„Ein Tag ohne Lachen ist ein verlorener Tag", sagte Charlie Chaplin (1889 - 1977) einmal. Und der Volksmund ergänzt : *„Lachen ist gesund"*; denn wie Untersuchungen ergaben, stärkt es das Immunsystem, ist gut gegen Stress, spannt rund 300 Muskeln am ganzen Körper an. Mit dem Lachen kommt Wohlbefinden, es macht glücklich und verbindet Menschen. *„Nichts in der Welt ist so ansteckend wie Gelächter und gute Laune."*, so sah es Charles Dickens.

Haben Wissenschaftler keinen Humor ? Zugegeben, nicht alle Wissenschaftler sind so souverän, dass sie über sich selbst, über ihre Tätigkeit oder über ihr Arbeitsgebiet lachen können. Kursieren vielleicht deshalb so viele Witze über Wissenschaftler, über Wissenschaft, über kauzige Professoren und ihre für normale Sterbliche manchmal so sinnlos erscheinende Tätigkeit ? Dem widerspricht die Tatsache, dass auch heute noch Anekdoten oder besonders humorige

Anmerkungen bei Vorlesungen, Seminaren, Vorträgen, Tagungen, an Instituten oder über Medien weitergegeben werden. Ihr Ursprung ist meist nicht mehr exakt zu eruieren, ihre Urheber ebenso wenig. Diesem Humor, vor allem in den Naturwissenschaften und deren Nachbarn, ist dieses Buch gewidmet, es soll aber auch Blicke über den Tellerrand der Wissenschaften ins tägliche Leben hinein bieten.

Diese seit langem gesammelten Beiträge werden mit unmaßgeblichen Kommentaren, mal süßem, mal scharfem Senf, aber auch mit sprachlosen Bemerkungen von Jodokus Rauschebart, diesem virtuellen Dr. h.c. (humoris causa, was denn sonst !) und Lehrbeauftragten für soziometrischen Unfug an der ebenso virtuellen Universität Cocolores, angereichert. Gerade diese Anmerkungen sollen Lesenden zum Verständnis der angesprochenen Sachverhalte verhelfen, aber auch zum Nachdenken anregen, was auch im E-Book "Lachen und Staunen über Mathematik – schmunzelndes Nachdenken erwünscht" (ISBN 978-3 752 669 459) vom Autor mit gleicher Zielsetzung realisiert wird. Ein Kapitel mit Zitaten bekannter Persönlichkeiten, die zum schmunzelnden Nachdenken anregen sollen, beschließt dieses Buch. Abbildungen, die zum angesprochenen Thema passen, lockern den Text auf und gestalten ihn. Den Grundstock bilden Briefmarken aus meiner in Jahrzehnten zusammengetragenen Motivsammlung und deren Wunschliste.

Eine Studie der Universität von New Mexico besagt, dass Humor auf besondere Intelligenz schließen lässt. *„Das Lachen ist die sicherste Probe auf einen Menschen.*", schrieb Fjodor Michailowitsch Dostojewski in seinem Roman „Der Jüngling". Also seien wir ganz Mensch, zeigen wir uns intelligent, lachen wir über Wissenschaftler, Wissenschaften und über einfache Szenen aus dem täglichen Leben, vielleicht auch mit einem fröhlichen Lied auf den Lippen. In diesem Sinne viel Spaß an der Lektüre dieses Buchs und natürlich ist wie beim anderen E-Book auch schmunzelndes Nachdenken erwünscht.

Hinweis : Nach der ersten „Unmaßgeblichen Anmerkung von Jodokus Rauschebart" wird zur Entlastung der Lesenden, zum Fördern des Leseflusses und zur Konzentration auf Wesentliches nur noch die Abkürzung „Anmerkung" benutzt, deren beabsichtigter Charakter als unmaßgebliche Anmerkung aber beibehalten wird.

1. Neuauflage des bebilderten E-Books   Cocolores, im Jahre 2025

Kapitel 1 : Wissenschaftler

„Phantasie ist wichtiger als Wissen; denn Wissen ist begrenzt."

Nikolaus Kopernikus (1473 - 1543) studierte an der Universität Bologna und wohnte bei einem Goldschmied. Am Neujahrstag des Jahres 1500 stürzte dessen Frau ins Zimmer und schrie : "Welch ein Unglück, welch schlimmes Unglück. Was für ein schlimmes göttliches Zeichen." „Was ist geschehen, Signora ?" fragte Kopernikus. „Denken Sie nur, die Mäuse haben das Hochzeitsgewand meines Mannes zerfressen." Kopernikus, der Schlimmes befürchtet hatte, atmete erleichtert auf. „Das ist kein göttliches Zeichen, Signora. Das wäre es zum Beispiel nur, wenn das Gewand die Mäuse aufgefressen hätte."

Anmerkung : Ein Zeitungsreporter sagte einmal : Wen lockt die Meldung „Hund beißt Mensch." hinter dem Ofen hervor ? Doch niemanden, damit steigert man keine Auflage. So etwas ist doch jedem geläufig und kommt viel zu häufig vor. Wohl aber findet die Meldung „Mensch beißt Hund." durchaus Beachtung und könnte es bei entsprechender Aufmachung sogar auf die Titelseite einer Zeitung schaffen.

Wilhelm Conrad Röntgen fand unter seiner Post einmal einen merkwürdigen Brief. Der Absender wollte sich Gewissheit verschaffen, ob in seinem Brustkorb eine Pistolenkugel steckt. Da er keine Zeit habe, den berühmten Forscher aufzusuchen, bat er um die Übersendungen einiger X-Strahlen (Röntgenstrahlen) und einer Gebrauchsanleitung. Röntgen antwortete : „Leider habe ich im Augenblick keine X-Strahlen vorrätig. Außerdem ist das Übersenden dieser Strahlen sehr schwierig. Ich schlage vor, dass wir es einfacher machen : Senden Sie mir ihren Brustkorb."

Anmerkung : Bitte fragt doch mal bei DHL, UPS und Co. nach, welche Paketgröße da am günstigsten ist, ob mit Einschreiben, Einschreiben und Rückschein oder sogar per Express dieses wichtige Körperteil verschickt werden sollte, und wie hoch es mindestens versichert werden muss.

Michael Faraday (1791 - 1867) führte Experimente zur magnetischen Induktion vor der Londoner Royal Society vor. Ein reicher Mann, der die Society mit viel Geld unterstützte, fragte ihn nach der Vorführung : „Herr Faraday, Ihr Experiment ist ja sehr interessant. Aber welchen praktischen Nutzen hat die magnetische Induktion ?" Faraday antwortete : „Wozu, mein Herr, taugt ein neugeborenes Kind ?"

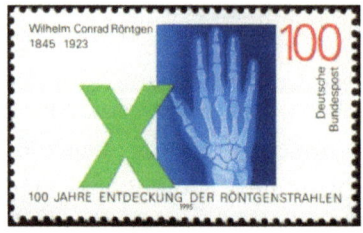

Anmerkung : Wer dumm fragt, muss mit einer dummen Antwort rechnen, sagt der Volksmund. Aber viel schöner ist doch so eine aus der Hüfte geschossene Gegenfrage. Hast Du auch immer das entsprechende Wechselgeld ? Aber so wie Faraday geht es wohl jedem, der etwas Neues entdeckt. Und heute fragt keiner, der nur ein wenig Ahnung hat, nach dem Nutzen der Induktion, so offensichtlich ist er.

Albert Einstein (1879 - 1955) schrieb Charlie Chaplin (1889 - 1977) zur Geburt seines 4. Kindes unter anderem : „Das Großartige an Ihrer Kunst, mein lieber Chaplin, ist Ihre Internationalität. Sie werden doch in allen Ländern verstanden." Chaplin antwortete : „Das stimmt allerdings, aber Ihr Ruhm, Professor Einstein, ist noch viel merkwürdiger. Sie werden von aller Welt bewundert, obwohl sie kein Mensch versteht."

Anmerkung : Tja verstehen wir denn immer, worum es bei den For-schungsprojekten genau geht, die mit unseren Steuergeldern unter-stützt werden ? Und verstehen wir denn immer, warum andere Pro-jekte nicht gefördert werden ? Und verstehen wir denn, warum bahnbrechende Patente von großen Firmen aufgekauft, dort in der Schublade verschwinden, und nicht realisiert werden ?

Gustav Hertz (1887 - 1975) störte es, wenn bei seinen Vorlesungen an der Universität Leipzig zu viel mitgeschrieben wurde und dadurch seiner Meinung nach zu wenig mitgedacht und begriffen wird. Ein-mal unterbrach er seine Vorlesung und sagte ziemlich barsch : „Mei-ne Herren, wollen Sie nun Schriftsteller werden oder Physiker ? Mir sind einige Physiker, zum Beispiel Lichtenberg, bekannt, die ganz passable Literaten geworden sind. Aber mir fällt auch bei angestreng-testem Denken kein Schriftsteller ein, aus dem ein annehmbarer Phy-siker geworden wäre !"

Anmerkung : Mir auch nicht oder kennen Lesende vielleicht da je-mand ? Aber es bleibt ein ewiger Streit : Sollen Studierende mit-schreiben oder stattdessen mit denken und in besonderen Fällen sogar mit diskutieren ? Aber da wollen gewisse Professoren ja auch noch ihre Bücher verkaufen. Die dürfen dann aber auch nur zu Hause, in der Bibliothek und nicht, wie Zeitungen, Comics oder gewisse reizvolle Zeitschriften, während der zugegeben auch mal langweiligen Teile einer Vorlesung gelesen werden.

Der Biologe Thomas Henry Huxley (1825 - 1895) ging keiner Diskussion aus dem Weg und bemühte sich, jede Frage zu beantworten. Eine Dame wollte ihn aufs Glatteis führen und fragte, ob er erklären könne, warum die Engländer ein so kräftiger Menschenschlag seien. "Das ist doch ganz klar", sagte er mit tiefernstem Gesicht. "Daran haben die vielen alten Jungfern, die es in diesem Land gibt, entscheidenden Anteil." Ob er sich über sie lustig machen wolle, fragte die Dame zurück. "Aber wie können sie mir so etwas zutrauen ?" erwiderte Huxley. "Der Zusammenhang ist doch eindeutig. Ein Engländer gewinnt seine Kraft aus dem Fleisch, das er reichlich zu sich nimmt. Das stammt von unserem vortrefflichen Rindvieh. Dieses gedeiht am Besten durch den roten Klee, den es zu fressen bekommt. Der rote Klee bedarf zur Samenbereitung des Besuchs der Hummeln. Leider wird den Hummeln von den Feldmäusen nach dem Leben getrachtet. Wer aber vertilgt die Feldmäuse ? Die Katzen. Und wer züchtet die Katzen am besten, so dass sie sich zu Tausenden fortpflanzen ? Die alten Jungfern. Auf diese Weise verdankt England seinen gesunden, kräftigen Menschenschlag in der Tat den alten Jungfern."

Anmerkung : Also, ihr alten Jungfern, nun wisst Ihr, was zu tun ist. Zur Nachahmung überall auf der Welt empfohlen. Aber vergesst die Rinderzucht, den Anbau von rotem Klee, den Schutz der Hummeln und die erwähnten Zusammenhänge nicht.

Anfang der 30er Jahre des letzten Jahrhunderts lehrten in Göttingen drei berühmte Physiker : Robert Wichard Pohl (1884 - 1976), James Franck (1882 – 1964) und Max Born (1882 – 1970). Ein Witzbold machte einmal den Vorschlag, die Physikstudenten in drei Gruppen einzuteilen : In die Polierten, die Frankierten und die Bornierten.

Anmerkung : Hut ab vor Max Born. Als er darauf angesprochen wurde, dass seine Studierenden am schlechtesten dabei wegkommen, antwortete er : „Ich musste herzlich darüber lachen." Und Professor Pohl : "Immerhin, viel Glanz für mich !"

2 Minuten Atomphysik (Zum Rundfunkvortrag empfohlen)
Auf Keplerschen Ellipsen hetzen
gemäß den Coulombschen Gesetzen
die Elektronen froh und gern
wohl um den positiven Kern.
Doch sind hierbei, wie überhaupt,

diskrete Bahnen nur erlaubt.
Beschränken wir uns klug und weise
zunächst einmal auf simple Kreise,
so sind nur solche Bahnen richtig,
deren Impulsmoment (wie wichtig !)
gleich n mal h durch 2 mal Pi;
und deren Radien, wissen Sie,
verhalten sich dann allemal
wie das Quadrat der Quantenzahl.
(Das h ist hierbei, Gott sei Dank,
das Wirkungsquantum des Herrn Planck;
In absoluten Maßen fand sich
rund 6 durch 10 hoch 27.)
Schwingt's Elektron auf solchem Kreis,
es nimmermehr von Strahlung weiß.
Am liebsten weilt es nah am Kern,
und dünkt ihm mal ein Weg zu fern,
dann – schwuppdiwupp und mit Elan –
springt's rasch in eine tiefre Bahn.
Dabei wird Energie entbehrlich;
die setzt der Äther klug und ehrlich
Gleich h mal nü – ein stolzes Wort –
und schickt es dann als Strahlung fort.
Die zwei Minuten sind nun leider um :
Auf Wiederhören, liebes Publikum !

Anmerkung : Dieses Gedicht von Hubert Cremer (1897 – 1983), 1925 entstanden, ist auch heute noch aktuell, wenn man sich Fakten nach dem Bohrschen Atommodell merken oder sogar in Lernprozesse einbauen will.

Der Physiker Karl Ferdinand Braun (1850 - 1918) hatte eine Vorliebe für Überschlagsrechnungen. In einer Vorlesung wollte er 2 x 25 berechnen: "Das gibt in Bausch und Bogen 2 x 30 = 60". Nach einer Denkpause verbesserte er: "Nun hatten wir vorhin 30 statt 25 genommen. Richtig wird also ungefähr 50 sein".

Anmerkung : "Schlecht rechnen können sie gut", sagt man gemeinhin Mathematikern nach. Folgt man diesem Ondit, dann sind Mathematiker aber Physikern und allen anderen Mathematikanwendern ein schlechtes Vorbild. Und wen wundert es, wenn diese unsicher im Kopfrechnen sind.

Ein Zoologie-Student steht mitten im Examen. Der Professor deutet auf einen halb bedeckten Käfig, in dem nur die Beine eines Vogels zu sehen sind. „Welcher Vogel ist das ?", will der Professor wissen. „Weiß ich nicht", sagt der Student. „Durchgefallen, ihren Namen bitte !" Da zieht der Student seine Hosenbeine hoch : „Raten Sie mal !"

Anmerkung : Ein Klasse Konter des Studierenden, sollte man meinen. Aber was gut ist für eine Sammlung an Witzen oder für einen Scherz am Stammtisch, muss es längst nicht fürs reale Leben sein. Hier geht es konkret um das Bestehen einer Prüfung. Und da sollte doch besonnener gehandelt werden. Schließlich kann das gleiche Ritual bei der Wiederholungsprüfung genauso wieder ablaufen. Prüfer haben so ihre Eigenheiten und meist auch ein gutes Gedächtnis für bestimmte Vorfälle. Soll es dann auch wieder genauso enden ? Aber Hand aufs Herz, würdest Du diesen Vogel erkennen, wenn Du nur seine Beine siehst ? Schaue Dir von anderen Singvögeln nur die Beine an. Taugt solch eine Frage überhaupt als Prüfungsfrage ? Wenn jemand sie beantworten kann : Was sagt das über den Studienerfolg aus ? Kann er/sie dann auch automatisch vor einer Klasse bestehen ?

Kapitel 2 : Trallala

„Ich bin der Überzeugung, dass es keinen Unsinn gibt, den eine Regierung ihren Untertanen nicht einreden könnte."

"Kein Mensch versteht die Relativitätstheorie", beklagt sich ein Wissenschaftler. Sein Gesprächspartner erwidert : "Aber das ist doch ganz einfach. Wenn Du 3 Haare auf Deinem Kopf hast, ist das relativ wenig. Aber wenn eines Deiner 3 Haare in Deiner Suppe schwimmt, ist das relativ viel." Der andere : "Ach, und damit geht der Einstein in aller Welt hausieren ? Und das versteht keiner ?"

Anmerkung : So einfach kann komplizierte Wissenschaft sein, wenn Grundprinzipien verstehbar gemacht werden. Ich wünsche Lesenden, dass sie immer jemand finden, der Fragen verständlich beantworten und interessante Dinge, wenn sie einen tatsächlich interessieren, einfach erklären kann. "Erkläre alles so einfach wie möglich, aber nicht einfacher." hat Albert Einstein selber einmal gesagt. Wie wahr.

"Ein Narr kann in einer Minute mehr Fragen stellen als 10 Weise in einer Stunde beantworten können.", sagt der Professor in seiner Vorlesung. Ein Student, der bei eben diesem Professor seine Vorprüfung ablegen muss, seufzt : "Daher fallen bei ihm ja auch so viele durch."

Anmerkung : Wie viel unnützes Zeug lernen auch heute noch Studierende, das sie später in der Praxis nie mehr brauchen ? Und wie viel wird ihnen vorenthalten von dem, was sie in der Praxis unbedingt benötigen ? Und das alles, weil Lehrende so gerne vor allem ihrem Hobby frönen statt sich auf Grundlegendes zu konzentrieren.

"Dieser T-Rex ist vor 3 Millionen und 3 Jahren, 2 Monaten und 18 Tagen gestorben." behauptet der Museumsführer. "Wieso können Sie das mit dieser großen Genauigkeit sagen ?" fragt ein Besucher. "Als ich hier anfing, sagte ein Wissenschaftler, das Skelett sei 3 Millionen Jahre alt. Und das war vor genau 3 Jahren, 2 Monaten und 18 Tagen."

Im gleichen Museum : „Diese Mumie ist 4 000 Jahre alt und stammt von einer 16jährigen Königstochter." Fragt ein Besucher : „Sind die 16 Jahre da mitgezählt oder nicht ?"

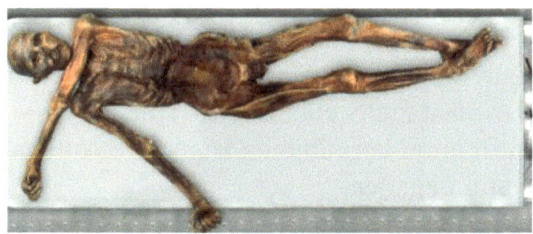

Anmerkung : Aber so genau wollen wir es aber doch nicht wissen. Nur wenn es schon genau sein soll, wo bleiben denn die Stunden, Minuten, Sekunden und wie vor allem im Sport sogar die Bruchteile von Sekunden ? Im zweiten Fall : Das hat der Museumsführer nun von seiner Genauigkeit. Auf dem Bild ist keine Königstochter, sondern Ötzi.

In der Mathematik kann überzeugend begründet werden, warum man nicht durch 0 dividieren kann und darf. In der Praxis kann es aber vorkommen, dass durch 0 geteilt werden muss. Wo ist dies der Fall ?

Anmerkung : „Du kannst alles im Leben teilen, aber nicht durch Null." lautet ein Spruch, den Mathe-Pauker gerne benutzen, hoffentlich können sie auch erklären, warum das so ist. „Ist Null geteilt durch Null ebenfalls Eins ? Wenn man keine Frucht auf niemand aufteilt, bekommt dann auch jeder eine Frucht ?", fragte Srinivasa Ramanujan, der später ein genialer Mathematiker war, als Schüler, nachdem der Lehrer erklärt hatte, dass eine Größe durch sich selbst geteilt immer gleich Eins ist. Und auf meine Frage hin gebe ich mal einen Tipp : Es gibt ein Erbschaftsproblem, bei dem die Division durch Null (Verteilung auf Null) per Gesetz geregelt wird. Natürlich gibt es da einen Nutznießer; denn immer, wenn es etwas zu holen gibt, dann ist der Staat zur Stelle, so dass eine Division durch 0 quasi par ordre du mufti nicht vorkommen kann. Die Auflösung wird unter Lösungen/Literatur gegeben.

In den 50er Jahren des vorigen Jahrhunderts hatte ein Student der Universität Oxford eine Bestimmung in einer uralten Prüfungsordnung entdeckt, nach der Prüflingen in der Examensprüfung ein halber Liter Bier kostenlos zustand. Er machte das Rektorat vor seiner Prüfung darauf aufmerksam und bekam sein Bier. Nach bestandener Prüfung wurde gegen ihn vom Rektor ein Bußgeld in Höhe von 5 englischen Pfund verhängt, weil er nicht mit umgegürtetem Schwert zum Examen erschienen war, was die gleiche Prüfungsordnung in einer der darauf folgenden Bestimmungen aber vorsah.

Anmerkung : "Gaudeamus igitur iuvenes dum sumus !" heißt es in dem wohl weltweit bekanntesten Studentenlied. Aus dem Latein ins

Deutsche übersetzt : "Wir wollen also fröhlich sein, solange wir jung sind !" Aber picken wir uns als Jünglinge – und auch nicht in späteren Jahren ! – immer nur die Rosinen aus den Bestimmungen heraus, sondern lesen auch alles Kleingedruckte und Ergänzende mit durch und beachten die Konsequenzen.

Dem Forschungsinstitut Senckenberg am Meer in Wilhelmshaven ist es gelungen, die Unterhaltung zweier Fische zu entziffern : Trifft ein Fisch, der schon einige Zeit in der Nordsee lebt, auf einen Fisch, der gerade aus dem Atlantik zurück in die Nordsee kommt. Frage des Einheimischen : "Bist Du matt ?" Antwort des anderen : "Yes." Seitdem kennt man den Namen dieser Fische : Matjes.

Anmerkung : Der holländische Fischhändler Laurens Visser aus Enkhuizen soll dem Fisch schon im Mittelalter den Namen Matjes gegeben haben. Es bietet sich als Forschungsprojekt geradezu an, zu untersuchen, welche telepathischen Fähigkeiten Laurens Visser besessen haben muss, den richtigen Namen vorauszuahnen. Einheimische Nordseefische haben offenbar Deutsch als Muttersprache, reisende Fische sprechen englisch. Aber welche ist bei den Reisenden Muttersprache und welche Fremdsprache ?

Bei der mündlichen Prüfung begrüßt der Professor den Studenten: "Kennen wir uns nicht ?" Darauf antwortet der Student: "Ja, beim

23

letzten Mal bin ich durchgefallen, und heute wiederhole ich die Prüfung." "Aha, und was war denn beim letzten Mal meine erste Frage ?", will der Professor wissen. Darauf der Student: "Kennen wir uns nicht ?"

Anmerkung : Es ist schon eine Crux mit gewissen Professoren. Von einigen werden die Prüfungsfragen von Generation zu Generation weitergegeben und Prüflinge können ihre Reflexe trainieren. Andere Prüfer sind total unberechenbar, erwecken den Eindruck, dass sie nach Lust und Laune fragen und die Anforderungen mal hoch, mal niedrig ansetzen.

Frau Neureich will ihrer Nachbarin imponieren und sagt : „Neulich war ich auf einem Frauentreffen. Den Vorsitz hatten zwei Frauen. Die bildeten ein Triumvirat."

Anmerkung : Wie wäre es mit einem Volkshochschulkurs über die richtige Wortwahl, Frau Neureich ? Da haben Sie offenbar enormen Nachholbedarf. Wenn es 2 sind, ist es ein Duo, 3 bilden ein Trio. Und in Virat steckt das lateinische Wort „vir", der Mann. Ein Triumvirat ist also so etwas wie ein Vorstand bestehend aus 3 Männern. Reden Sie ruhig so, wie sie es gelernt haben. Aber dann könne doch niemand erkennen, wie vornehm Sie jetzt sind, möchten Sie da einwenden. Ihre Herkunft können Sie überhaupt nicht verleugnen, ob Sie reden, wie Sie es gelernt haben, oder ob Sie versuchen, sich, wie Sie es nennen, vornehm auszudrücken.

Im Chefbüro eines großen amerikanischen Flugzeugwerks steht in großen Lettern an der Pinnwand : "Sorgfältige aerodynamische Berechnungen haben ergeben, dass Hummeln nicht fliegen können."

Anmerkung : Hummeln fliegen doch, wie jeder weiß und in der Realität sehen kann. Und dazu fällt mir eine Frage ein, die auch einmal ernsthaft in einer Universitätsprüfung gestellt wurde : Wie gewinnt man Aluminium aus Luft ? Und eine mögliche Antwort : Ist doch sonnenklar : Warten wir ab, bis ein Flugzeug – vielleicht gerade dieses Herstellers - in unseren Garten abstürzt. Dann haben wir Aluminium aus Luft gewonnen. Welch schlechte Qualität amerikanische Studien haben können, erlebten wir im November 2019 in der Studie über den Anstieg des Meeresspiegel und die daraus resultierenden möglichen Überschwemmungen in Norddeutschland. Haben die Amerikaner doch glatt vergessen, unsere Deiche und Sperrwerke in die Untersuchung mit einzubeziehen und somit ein Worst-Case-Szenario entwickelt, das völlig unglaubwürdig ist.

Sie saßen eng umschlungen auf dem Sofa, das Licht war gedämpft. Er flüsterte ihr ins Ohr : „Woran denkst du, Liebling ?" „An dasselbe wie du.", gab sie zurück. „Prima !", freute er sich. „Mir machst du eins mit Schinken."

Anmerkung : Was für ein großartiges Missverständnis. Da sagen Frauen gerne vorwurfsvoll : „Männer wollen immer nur das eine." Wollen die es denn tatsächlich immer ? Oder sind es die Frauen, die das so gerne wollen, es aber nicht offen sagen und den Vorwurf so den Männern unterschieben, wenn es ihnen in den Kram passt ? Na ja, die Ansprüche und die Methoden sind halt verschieden.

Einem Reisebusfahrer, der auf eine Unterführung zufuhr und merkte, dass der Bus einige wenige Zentimeter zu hoch war, empfahl ein Fahrgast, aus jedem Reifen Luft abzulassen, um ein Paar Zentimeter zu gewinnen. Darauf der Busfahrer : „Mir fehlen die Zentimeter aber oben, nicht unten."

Anmerkung : Tja, so geht es, wenn man in Gedanken auf ein bestimmtes Ziel fixiert ist und nicht auf das Naheliegende achtet wie hier bei diesem Bild eines im Internet dokumentierten Unfalls. Ähnlich beckmesserisch wird es wohl zugegangen sein, als ein Mathematiker und ein Physiker die Höhe einer Fahnenstange bestimmen wollten, sich aber nicht auf ein Messverfahren einigen konnten. Als ein Ingenieur die Fahnenstange einfach quer stellte und deren Länge maß, waren der Mathematiker und der Physiker aber damit nicht einverstanden; denn sie wollten die Höhe und nicht die Länge wissen.

Sitzen zwei Männer im Zug. Der eine isst Apfelkerne. Fragt ihn der andere: "Warum essen sie Apfelkerne ?" "Das macht intelligent." erwidert der andere. "Darf ich auch welche haben ?" "Ja, für 5 Euro die Tüte." Er bezahlt 5 Euro, erhält eine Tüte Apfelkerne und beginnt zu essen. Dann murmelt er : "Für 5 Euro hätte ich eigentlich eine ganze Tüte Äpfel kaufen können." Entgegnet der andere : "Sehen Sie, es wirkt schon."

Anmerkung : Eine gute Warnung vor unüberlegten Spontankäufen, ob an der Haustür oder unterwegs. Immer erst gründlich nachdenken, dann entscheiden. Aber späte Einsicht ist immer noch besser als gar keine.

Ein Physiker, ein Lokführer und ein Schlaumeier stehen zusammen beim Smalltalk. Fragt der Physiker : „Warum pfeift denn die Lokomotive, wenn sie heran kommt, hoch, wenn sie wegfährt, aber tief ?" „Weil es der Vorstand der Deutschen Bahn so befohlen hat.", meint der Schlaumeier. „Das machen doch alle Lokomotiven, die vorbeifahren." „Aber das ist doch gar nicht wahr.", entrüstet sich der Lokführer. „Sie pfeift immer gleich. Ich muss es doch wissen. Ich sitze doch vorne und betätige die Pfeife. "

Anmerkung : Doppler-Effekt, benannt nach Christian Doppler (1803 - 1853), oder wie auf der Briefmarke Doppler-Prinzip nennt man so etwas. Da brachte uns Erstsemestern unser Professor der Experimentalphysik bei, dass eine der wichtigsten Voraussetzungen der Forschung sei, dass verschiedene Experimentatoren beim gleichen Sachverhalt immer gleiche Beobachtungen machen. Und was lehrt uns diese nette Geschichte ? Doch das, wenn zwei dasselbe beobachten, kann es sein, dass sie nicht dasselbe beobachten. Oder sieht da jemand den kleinen, aber feinen Unterschied ?

Kapitel 3 : Nobelpreisträger

„Je weiter das Experiment von der Theorie entfernt ist, desto näher ist es am Nobelpreis."

(Irène Joliot-Curie, 1897 – 1956, mit ihrem Mann Frederic Joliot, 1900 – 1958)

Werner Heisenberg ging einmal mit den Brüdern Harald und Niels Bohr, Niels ein weltberühmter Physiker, Harald ein bekannter Mathematiker, im Tivoli in Kopenhagen spazieren. Harald ging einige Schritte vor den beiden Physikern. Heisenberg wunderte sich darüber, dass Harald von vielen Passanten gegrüßt wurde, die beiden Physiker aber kaum beachtet wurden. "Sind in Dänemark die Mathematiker so populär ?" fragte er Niels Bohr. Der schmunzelte und sagte : "Nein, aber Harald ist ein ausgezeichneter, im ganzen Land bekannter Fußballspieler."

Anmerkung : Da gehen also zwei weltberühmte Physiker und Nobelpreisträger, die beide auf ihre Art das Bild der Physik revolutioniert haben, in der Öffentlichkeit spazieren. Und wer findet Beachtung ? Der dritte im Bunde, aber nicht als der in ganz Dänemark und darüber hinaus bekannte Mathematiker, sondern als Fußballstar. Das war in den 30er Jahren des vorigen Jahrhunderts. Aber ist das heute etwa anders ?

Die Brüder Niels (1885 - 1962) und Harald Bohr (1887 - 1951) wurden einmal von Freunden zu einem Ringkampf mitgenommen. Ob es nicht zu langweilig gewesen sei, wurden sie gefragt. "Nein", sagte Harald schmunzelnd, "überhaupt nicht. Mal lag der eine oben, mal der andere unten."

Anmerkung : Waren die Konzertbesucher tatsächlich so enttäuscht von den Leistungen der Diva, die ein für seine Schärfe bekannter Kritiker in seiner Rezension so auf den Punkt brachte : "Was der Diva an Brillanz in den oberen Lagen fehlte, das ermangelte ihr in den unteren Lagen an Fülle." ? Hat sich der Kritiker wohl am griechischen Philosophen Straton (4. Jahrhundert v. Chr.) orientiert, der das so formuliert hätte : "Zeus verlieh ihr die eine Gabe (keine Brillanz in den Höhen) und versagte ihr die andere (Fülle in der Tiefe)" ?

Der Physik-Nobelpreisträger Paul Dirac (1902 - 1984) ging in Göttingen einmal mit einem Mann spazieren, der in der Regel mit seinem langweiligen Gerede seine Gesprächspartner kaum zu Wort kommen ließ. "Hat Ihnen dieser langweilige Vielschwätzer nicht Löcher in den Bauch gefragt ?", wurde Dirac später gefragt. Der erwiderte : "Ganz im Gegenteil. Zuerst sagte ich nichts, und er hörte zu. Dann sagte er nichts, und ich hörte zu."

Anmerkung : So beredsam kann Schweigen sein und mit so vielen Worten kann das treffend ausgedrückt werden.

Der Nobelpreisträger Manfred Eigen (1927 - 2019) wurde einmal gefragt, was ein Student denn alles tun müsse, um auch einmal Nobelpreisträger zu werden. Eigen antwortete : "Ich würde ihm die Geschichte von einem jungen Mann erzählen, der, den Geigenkasten unter dem Arm, in New York einen Passanten fragt : "Können Sie mir den Weg zur Carnegie Hall zeigen ?" Der Passant überlegt, schaut ihn von oben bis unten an und sagt dann : "Ich würde üben, üben, üben !" Ich weiß nicht, ob man es besser sagen kann."

Anmerkung : Muss ich solch eine Klasseantwort noch kommentieren ? Aber gilt das nicht auch für alle, die es in ihrem Beruf zu Spitzenleistungen bringen wollen ?

Albert Einstein (1879 - 1955) war zeit seines Lebens bescheiden. Als ihn ein Freund in der Nähe seines Hauses in Caputh bei Potsdam mit seinem schäbigen Mantel sah und fragte : „Müsstest Du Dir nicht einen neuen Mantel kaufen ?", kam die Gegenfrage von Einstein : „Wozu denn ? Hier kennt mich doch jeder." Einstein emigrierte 1933 in die USA. Dort traf ihn dieser Freund zufällig in New York wieder. Einstein trug immer noch den alten abgetragenen Mantel. Der Freund riet ihm wiederum zu einem neuen Mantel, doch Einstein retournierte dieses Mal : „Was willst Du ? In dieser Riesenstadt kennt mich doch keiner."

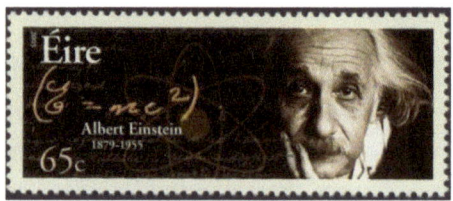

Anmerkung : Alles ist relativ, um eine beliebte einsteinsche Metapher zu zitieren. So auch hier die Antworten von Einstein zur Frage nach einem neuen Mantel.

Die Physikerin Lise Meitner (1878 - 1968) und der Chemiker Otto Hahn (1879 - 1968) haben über lange Zeit wissenschaftlich miteinander gearbeitet. Einmal diskutierten sie im Treppenhaus des Kaiser-Wilhelm-Instituts für Chemie in Berlin-Dahlem. Sie waren unterschiedlicher Meinung. Ein Besucher wurde unfreiwillig Zeuge des Disputs und hörte den berühmt gewordenen Ausspruch von Lise

Meitner : "Hähnchen, von Physik hast Du keine Ahnung. Sei brav und geh nach oben.", also in sein Labor.

Anmerkung : Otto Hahn bekam 1944 für die Entdeckung der Kernspaltung den Nobelpreis. Und damit blieb die Physikerin Lise Meitner außen vor, die erheblich vor allem auch zur theoretischen Erklärung des Effekts beigetragen hatte.

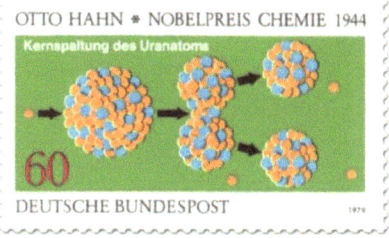

Ein junger Physiker bekam sein Manuskript von einer Fachzeitschrift zurück, die es nicht als Aufsatz abdrucken wollte. Er schickte es Niels Bohr in der Hoffnung, einen berühmten Fürsprecher zu bekommen. Niels Bohr las das Manuskript sorgfältig durch und war doch sehr enttäuscht. Er schickte es zurück und formulierte in seinem Begleitbrief : „ Nach eingehender Durchsicht fand ich in der mir vorgelegten Arbeit nicht einen einzigen und nicht den kleinsten Fehler. Andererseits ist die Arbeit auch in keiner Weise verrückt genug, um überhaupt einen Fehler haben zu können.“

Anmerkung : Muss man als weltberühmte anerkannte Kapazität so höflich um den „heißen Brei" reden, also nicht direkt aussprechen, was man eigentlich sagen müsste ? Oder ist es hilfreicher, den Nagel genau auf den Kopf treffen, die Schwächen zu benennen und konstruktive Kritik zu äußern ?

In einer Physikprüfung an der Universität von Kopenhagen wurde folgende Frage gestellt : "Beschreiben Sie, wie man die Höhe eines Wolkenkratzers mit einem Barometer feststellt." Ein Prüfling antwortete : "Sie binden ein langes Stück Schnur an den Ansatz des Barometers, senken dann das Barometer vom Dach des Wolkenkratzers zum Boden. Die Länge der Schnur plus die Länge des Barometers entspricht der Höhe des Gebäudes."

Diese in hohem Grade originelle Antwort entrüstete den Prüfer dermaßen, dass der Prüfling sofort entlassen wurde. Der aber appellierte an seine Grundrechte, mit der Begründung, seine Antwort wäre unbestreitbar korrekt. Die Universität ernannte einen unabhängigen Schiedsrichter, um den Fall zu entscheiden. Der Schiedsrichter urteilte, dass die Antwort in der Tat korrekt war, aber kein wahrnehmbares Wissen von Physik zeige. Um das Problem zu lösen, wurde entschieden, den Prüfling nochmal herein zu bitten und ihm sechs Minuten zuzugestehen, in denen er eine mündliche Antwort geben konnte, die mindestens eine minimale Vertrautheit mit den Grundprinzipien von Physik zeige. Für fünf Minuten saß der Prüfling still, den Kopf nach vorne, in Gedanken versunken. Der Schiedsrichter erinnerte ihn, dass die Zeit lief, worauf der Prüfling antwortete, dass er einige extrem relevante Antworten hatte, aber sich nicht entscheiden könnte, welche er verwenden sollte. Als ihm geraten wurde, sich zu beeilen, antwortete er wie folgt:

"Erstens könnten Sie das Barometer bis zum Dach des Wolkenkratzers nehmen, es über den Rand fallen lassen und die Zeit messen die es braucht, um den Boden zu erreichen. Die Höhe des Gebäudes kann mit der Formel H =0,5g mal t im Quadrat berechnet werden. Das Barometer wäre allerdings dahin !

Oder, falls die Sonne scheint, könnten Sie die Höhe des Barometers messen, es hochstellen und die Länge seines Schattens messen. Dann messen Sie die Länge des Schattens des Wolkenkratzers, anschließend ist es eine einfache Sache, anhand der proportionalen Arithmetik die Höhe des Wolkenkratzers zu berechnen.

Wenn Sie aber in einem hohem Grade wissenschaftlich sein wollten, könnten Sie ein kurzes Stück Schnur an das Barometer binden und es schwingen lassen wie ein Pendel, zuerst auf dem Boden und dann auf dem Dach des Wolkenkratzers. Die Höhe entspricht der Abweichung der gravitationalen Wiederherstellungskraft T = 2 pi mal Wurzel aus l durch g.

Oder, wenn der Wolkenkratzer eine äußere Nottreppe besitzt, würde es am einfachsten gehen, da hinauf zu steigen, die Höhe des Wolkenkratzers in Barometerlängen abzuhaken und oben zusammenzuzählen.

Wenn Sie aber bloß eine langweilige und orthodoxe Lösung wünschen, dann können Sie selbstverständlich das Barometer benutzen, um den Luftdruck auf dem Dach des Wolkenkratzers und auf dem Grund zu messen und den Unterschied der Millibare umzuwandeln, um die Höhe des Gebäudes zu berechnen.

Aber, da wir ständig aufgefordert werden die Unabhängigkeit des Verstandes zu üben und wissenschaftliche Methoden anzuwenden, würde es ohne Zweifel viel einfacher sein, an der Tür des Hausmeisters zu klopfen und ihm zu sagen: 'Wenn Sie ein nettes neues Barometer möchten, gebe ich Ihnen dieses hier, vorausgesetzt Sie sagen mir die Höhe dieses Wolkenkratzers."

In diesem Falle eine sehr maßgebliche Anmerkung von Jodokus Rauschebart : Der Prüfling war **Niels Bohr**, der bis heute einzige Däne, der Jahre später den Nobelpreis für Physik erhielt, so wird es jedenfalls erzählt. ... Er bestand die Prüfung.

Kapitel 4 : Persönlichkeiten

„Der gesunde Menschenverstand ist nur eine Anhäufung von Vorurteilen, die man bis zum 18. Lebensjahr erworben hat."

Alfred Nobel (1833 - 1896) schrieb : "Ich für meinen Teil finde, dass die Konversation mit Pariserinnen das fadeste ist, was es gibt, wogegen der Umgang mit gebildeten und nicht übertrieben emanzipierten Russinnen bezaubernd ist. Leider haben sie eine Abneigung gegen Seife, aber man darf nicht zu viel verlangen."

Anmerkung : Aber Herr Nobel. Fährt mann (!!!, kein Rechtschreibfehler) denn nach Paris zur Konversation mit den Pariserinnen. Da ist der Volksmund aber ganz anderer Ansicht. Und wie ist es mit den Russinnen, die in Paris im Exil leben ? Also Konversationsinteressenten auf nach Osten. Aber liebe Reisende nehmt Seife, Duschgel,

37

Shampoo und Parfüm mit. Oder sollte man noch besser zur Erstbe-
handlung zusätzlich Kernseife und Wurzelbürste mitnehmen ?

Carl Friedrich Gauß traf als Junge einmal ein stadtbekanntes Original, Onkel Heinke genannt, vor dem Braunschweiger Dom. "Na, min
Jung", sagte Onkel Heinke. "Siehst Du da oben auf der Kirchturm-
spitze die Wespe ?" "Nein", erwiderte Gauß schelmisch zwinkernd,
"aber ich höre sie summen."

Anmerkung : Ganz schon clever, dieser kleine Gauß, der später einmal wegen seiner überragenden Leistungen in der Mathematik als
"Fürst der Mathematik" bezeichnet wurde. Oder hat man Gauß später, als er schon berühmt war, solche Geschichten angedichtet ?

Als Lazarus Bendavid (1762 - 1832) sein Mathematikstudium in
Göttingen beendet hatte, schrieb ihm sein Lehrer Abraham Gotthelf
Kästner (1719 - 1800) ein Zeugnis, in dem stand : "Ich bezeuge hier-
mit, dass Herr Ben David, Kandidat der Mathematik, auf jede mathematische Lehrstelle Anspruch erheben darf, nur nicht auf meine."

Anmerkung : Was ist das heute für ein Gewurschtel mit letztlich
nichtssagenden Kopfnoten, aber auch mit der "Scheinheiligkeit" in
der Zulassung zu Abschlussprüfungen mit geforderten Bescheinigun-
gen oder Abprüfen über absolut unwichtige Dinge und mit Abschlüs-
sen, die auf eine Stelle nach dem Komma genau bewertet werden.

Können wir aus Erfahrung so etwas Ernst nehmen ? Für mich besagt solch ein Zeugnis Kästnerscher Art mehr als ein heutiger Master-Abschluss aus, vor allem dann, wenn ich den Ersteller des Zeugnisses kenne.

An einem Göttinger Stammtisch wurde die Aufgabe gestellt, eine Grabinschrift zu finden, die auf jeden passt. Der Mathematiker Abraham Gotthelf Kästner war der einzige, der eine Lösung vorstellte. Er dichtete : „Lieber Leser, hier liegen meine Gebeine, viel lieber säh ich, es wären Deine."

Anmerkung : Es gibt sie also doch, Mathematiker mit Humor. Phantasie müssen wir als selbstverständlich voraussetzen, wenn wir einem Ausspruch meines akademischen Lehrers in Mathematik folgen, der das Wechseln eines Studierenden von der Mathematik zur Germanistik begründete, er habe für die Mathematik wohl zu wenig Phantasie.

George Bernard Shaw (1856 - 1950) wurde einmal auf einer Gesellschaft von einer gut aussehenden Schauspielerin gefragt : „Stellen Sie sich vor, wir hätten ein Kind miteinander und es hätte Ihre Intelligenz und meine Schönheit!" Darauf Shaw ganz trocken : „Aber Gnädigste, stellen Sie sich vor, es hätte Ihre Intelligenz und meine Schönheit !"

Anmerkung : Drum merke, jedes Ding hat 2 Seiten. Der intelligente weiß es und macht auch Gebrauch von dieser Erkenntnis. Die anderen starren nur wie gebannt auf die groß herausgestellten angeblichen Vorzüge, aber nicht auf Alternativen oder das viele Kleingedruckte, betrachten also nur die eine Seite, die sie für attraktiv halten.

Franz Molnar (1878 - 1952), ungarischer Autor, besuchte seinen Freund Albert Einstein. Einstein spielte Geige und bemerkte den Besuch erst, als Molnar wegen der Begeisterung Einsteins für die Musik lachte. Einstein hielt empört inne und sagte : "Lachen Sie doch nicht, Molnar. Ich lache ja auch nicht in Ihren Theaterstücken."

Anmerkung : Über die Kindheit und Jugend von Ferenc (Franz) Molnar war wenig bekannt, und für Jahrzehnte lehnte Molnár es ab, seine Biografie zu schreiben. Schließlich gab er aber dem Druck nach und schrieb 1925 im Vorwort zu einem seiner Bücher : "1878 wurde ich in Budapest geboren; 1896 wurde ich Student der Rechte in Genf; 1896 wurde ich Journalist in Budapest; 1897 schrieb ich eine Kurzgeschichte; 1900 schrieb ich eine Novelle; 1902 wurde ich in meiner Heimat ein Bühnenschriftsteller; 1908 wurde ich ein Bühnenschriftsteller im Ausland; 1914 wurde ich ein Kriegskorrespondent; 1916 wurde ich erneut Bühnenschriftsteller; im Jahr 1918 wurde mein Haar schlohweiß; im Jahr 1925 sollte ich wieder ein Student der Rechte in Genf werden." So kann man den Aufstieg eines berühmten Dramatikers des 20. Jahrhunderts auch beschreiben. Welcher Leser hat gerade über Molnars Selbstbiographie gelacht ? Dann sollte wohl jeder sicher auch Einsteins Bemerkung verstehen können.

Im Nachlass des 1738 verstorbenen niederländischen Arztes Hermann Boerhaave fand man ein sorgsam verschnürtes Buch mit der Aufschrift : „Die einzigen und tiefsten Geheimnisse der Arzneikunst." Bei der Versteigerung des Nachlasses ersteigerte es jemand für viel Geld. Als er es öffnete, verschlug es ihm die Sprache. Leere Seiten bis zum Ende. Nur auf dem ersten Blatt war mit Kunstschrift geschrieben : „Halte den Kopf klar, die Füße warm und den Leib offen, so kannst Du aller Ärzte spotten."

Anmerkung : Es gibt offenbar immer Dumme, die auf der Suche nach dem Stein der Weisen sehr viel Geld für absolut nichts aus dem Fenster werfen.

Frau Einstein besichtigte einmal ein Teleskop im Mount-Wilson-Observatorium. Der Leiter des Observatoriums erklärte ihr, man könne damit Form und Gestalt des Universums bestimmen. Sie erwiderte : "Das tut mein Mann auch, aber meistens auf dem Rücken eines alten Briefumschlags ...".

Anmerkung : Da hatte der Wissenschaftler wohl eine ganz andere Reaktion erwartet. Liebe Frau Einstein, wo bleibt da das Staunen und die Ehrfurcht vor so vielen technischen Großgeräten, deren Anschaffung Steuerzahler und Sponsoren enorm viel Geld gekostet hat ?

Schließlich unternehmen die Wissenschaftler dort große Anstrengungen, die theoretischen Voraussagen Ihres Mannes experimentell zu bestätigen.

Johann Wolfgang von Goethe (1749 - 1832) wanderte einmal in Thüringen von Ruhla zum Inselsberg. Auf dem Inselsberg begann er, sich für die Steine zu interessieren. Trotz immer stärker werdendem Nieselregens ließ er sich nicht davon abbringen, Steine aufzunehmen, sie mit seinem Hammer zu zerschlagen und ihre Namen und Eigenschaften zu nennen. Sein Begleiter, Oberstallmeister von Stein, wurde immer mürrischer und wollte lieber sofort ein warmes und trockenes Eckchen aufsuchen. "So ein Starrsinn.", erboste er sich. „Bei diesem Wetter ins Gebirge. Sie haben nichts anderes als nur Steine im Kopf, und sonst nichts. Als was für einen Stein würden Sie mich denn in Ihre Sammlung einordnen ?" Goethe schmunzelte und erwiderte : "Natürlich nur als Kalk. Werden Sie nass, brausen Sie auf."

Anmerkung : Wer schon einmal bei solch einem Wetter auf dem Inselsberg (oder einem anderen Berg) war, der kann den Herrn von Stein verstehen. Erst Recht, wenn die Gaststätte auf dem Berg dazu noch Ruhetag hat. Und Goethe hat wohl auf alles eine zitierfähige oder zitatverdächtige Antwort parat. Oder wurde ihm erst später so manches angedichtet ?

Kapitel 5 : Chemie

„Ein Gelehrter in seinem Laboratorium ist nicht nur ein Techniker; er steht auch vor den Naturgesetzen wie ein Kind vor der Märchenwelt."

Der Chemiker Justus von Liebig (1803 - 1873) ließ seine Studenten gerne mit hochexplosiven Stoffen experimentieren. Plötzlich kam einer davon auf ihn zu, hielt zwei Reagenzgläser in der Hand und fragte aufgeregt : "Herr Professor, wenn ich den Inhalt dieser Gläser mische, erhalte ich dann Knallquecksilber ?" Liebig trocken : "Sie nicht mehr."

Anmerkung : Chemie ist eben die Experimental-Wissenschaft, wo es knallt und stinkt und gefährliche Experimente meist totsicher klappen, während in der Physik Experimente nie gelingen, vor allem dann nicht, wenn sie anderen gezeigt werden und etwas beweisen sollen. Aber in der Vorbereitung hat es nie Probleme gegeben, das jedenfalls betonen Experimentatoren in solch einem Fall immer vehement. Na ja, wer glaubt das denn ?

Einstiegsfrage in der Vorprüfung Medizin : "Wie viel Phosphor ist in Phosgen ?" Antwort des Prüflings : "So viel wie Urin in Uran."

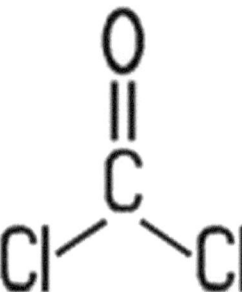

Prüfungsfrage : "Warum darf in den Gemächern eines Königs das Nachtgeschirr nicht aus Gold bestehen?" Erwartete Antwort : "Weil Königswasser Gold auflöst."

Anmerkung : Wer gute Reflexe besitzt, kann auch solche Situationen meistern. Wer die Strukturformel von Phosgen (siehe oben) oder die Summenformel $COCl_2$ kennt, meistert solch eine Situation. Im zweiten Fall hilft die Erinnerung an den Witz, der totsicher in einer Vorlesung gemacht worden ist. Man kann so etwas trainieren und sich die Prüfungsangst nehmen, aber man muss über genug Kenntnisse und eine sichere Kombinationsgabe verfügen. Gewisse Prüfer sind für ihre Fangfragen geradezu berüchtigt, die unter Studierenden von Jahrgang zu Jahrgang weitergegeben werden. Im ersten Fall wurde der Prüfling wegen ungebührlichen Benehmens aus dem Prüfungsraum verwiesen, er bestand die Prüfung trotzdem wegen besonderer Schlagfertigkeit. Hut ab vor diesem Prüfer, der damit Humor, Souveränität und Einfühlungsvermögen bewies. Leider ein Ausnahmefall.

Jöns Jakob Berzelius (1779 - 1848) warf seinen Zuhörern einst vor : „Wenn ich Ihnen eine Substanz zeige, sehen Sie nur flüchtig hin. Auf diese Weise lernt man nicht beobachten." Er nahm ein gefülltes Glas, steckte einen Finger hinein und kostete. Dann gab er das Glas weiter. Da der Professor gekostet hatte, taten es ihm die Studierenden gleich. Alle waren entsetzt; denn die Flüssigkeit schmeckte furchtbar. Daraufhin Berzelius : „Sehen Sie, wie Recht ich hatte. Sie hätten merken müssen, dass ich den Mittelfinger, mit dem ich in der Flüssigkeit war, nicht in den Mund gesteckt habe, sondern den Zeigefinger."

Anmerkung : Kann es eine bessere Bestätigung für die Behauptung von Berzelius geben ? Aber Hand aufs Herz, sind heutige Studierende etwa besser im Beobachten geschult ? Wie viel Wissen, welche Erfahrung geht heutzutage verloren beziehungsweise wird erst gar nicht aufgebaut, wenn aus Gründen des Unfallschutzes viele Versuche in der Schule nur noch per Video gezeigt werden dürfen ?

Der Chemiker Robert Wilhelm Bunsen (1811 - 1899) legte großen Wert darauf, dass jedes Streichholz, das zum Entzünden des Gasbrenners verwendet wurde, so schnell wie möglich wieder ausgeblasen und danebengelegt wurde. Er meinte, man könne es immer wieder gebrauchen. Er ging sogar so weit, die Fähigkeit seiner Assistenten danach zu beurteilen, wie viele Streichhölzer auf deren Arbeitsplatz lagen und von welcher Länge sie waren. Eines Tages betrat er unerwartet früh das Labor und erwischte einen Assistenten dabei, wie er ein Streichholz nach dem anderen anzündete und sofort wieder ausblies. Dem entsetzten Professor gegenüber entschuldigte der sich kleinlaut: "Verzeihung, Herr Professor, ich präpariere Hölzer für den heutigen Tag, um Sie bei guter Laune zu halten."

Anmerkung : Da gibt es so viele Anekdötchen über die Ordinarien alter Schule und ihre Marotten. Dem einen muss eine weibliche (!) Hilfskraft immer eine frische Nelke im Knopfloch mit senkrechtem Sitz befestigen, bevor er in die Vorlesung geht, ein anderer erwartet, dass ihm das Licht am Lesepult immer von einem Studierenden angeknipst wird, der mit nachweislich gutem Erfolg ein Fortgeschrittenen-Praktikum in angewandter Physik absolviert hat und ihm bewiesen hat, dass er zum Lichteinschalten fähig ist.

Ein Professor der Chemie betritt eine Apotheke : "Bitte eine Originalpackung   1-Phenyl-2,3-dimethyl-4-dimetylomino-pyrazolon(5)." Der Apotheker : "Ah, Herr Professor meinen Pyramidon ?" Darauf des Professors Antwort : "Kann schon sein. Ich kann mir den Namen nicht merken."

Kommt eben dieser Professor der Chemie in die Apotheke und sagt: "Ich hätte gerne eine Packung Acetylsalicylsäure." Darauf der Apotheker: "Sie meinen Aspirin ?" Der Professor : "Ja, genau, ich kann mir bloß dieses blöde Wort nie merken !"

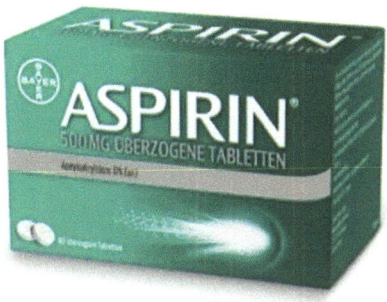

Anmerkung : Typisch Wissenschaftler. Je unverständlicher und komplizierter etwas ausgedrückt wird, desto wissenschaftlicher klingt es, desto unanfechtbarer sei es, meint so mancher. Einfachheit und Verständlichkeit ist fehl am Platze, glaubt so manch ein Wissenschaftler. Beispiel aus einem Universitäts-Vortrag : "Die Produktivität der Agrarier ist umgekehrt proportional zu ihrer Mentalität." Wer vermutet hinter dieser aufgeblasenen hochgestochenen Formulierung die jedem bekannte Weisheit "Die dümmsten Bauern haben die dicksten Kartoffeln." ? Na also.

In einem Lehrbuch der anorganischen Chemie fand ich folgenden handschriftlichen Zusatz bei Natriumhydrocarbonat : „So nötig wie die Braut zur Trauung ist Bullrich Salz für die Verdauung."

Anmerkung : So kann ich mir langweilige Fakten und auch Fachworte viel besser merken, nicht nur, weil es sich so schön reimt. Und wie geht es Lesenden ?

Der Chemiker Victor Meyer (1848 - 1897) hatte auf seinem Schreibtisch im Sommer immer eine Probe von Diphenylmethan stehen. Nach dem Grund gefragt, antwortete er : „Diphenylmethan schmilzt bei 26° Celsius. Wenn das der Fall ist, gehe ich mit meinen Studenten schwimmen."

Summenformel
$C_{13}H_{12}$

Anmerkung : Sehr fortschrittlich, Herr Professor. Wie genau die kritische Temperatur gemessen wird und womit, da hat ja so mancher Professor eigene, manchmal sogar eigenwillige Methoden. Aber was für ein Kontrast zu heute : Lernende haben sich im vorigen Jahrhundert folgenden Erlass des Kultusministeriums ausgedacht zur Erklärung, warum es damals in einem heißen Sommer so gut wie kein Hitzefrei gab : „Wenn in dem nach Norden gelegenen durch Klimatisierung auf konstant 20° Celsius gekühlten Zimmer des Schulleiters das TÜV-geprüfte Thermometer, dessen amtlich beglaubigte Prüfung nicht länger als 6 Monate zurückliegt, 30° Celsius oder mehr anzeigt, dann darf von der Schulleitung überlegt werden, ob es Hitzefrei gibt." Tempora mutantur, et nos mutamur in illis, sagten schon die alten Römer oder übersetzt „Die Zeiten ändern sich, und wir ändern uns in ihnen."

Der Chemieprofessor doziert vor den Erstsemestern über die Elektronentransfertheorie. Er schreibt eine Strukturformel an die Tafel und sagt: "Wie Sie sehen, fehlt ein Elektron. Wo ist es ?" Betretendes Schweigen im Hörsaal. "Wo ist das Elektron ?", fragt der Professor wieder. Da ruft einer der Studenten: "Niemand verlässt den Raum !"

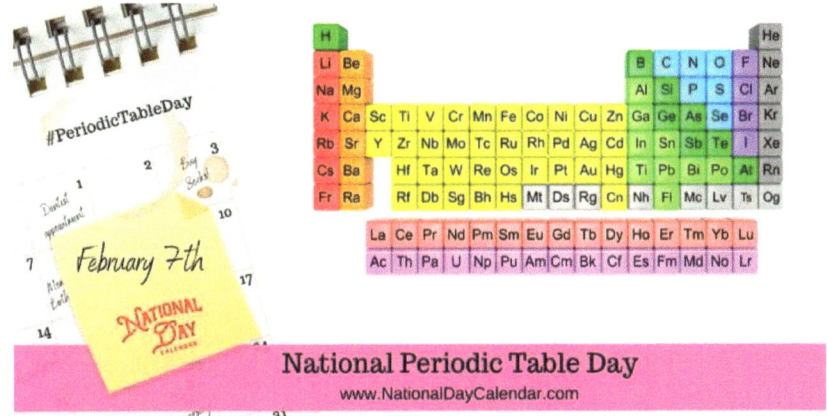

National Periodic Table Day
www.NationalDayCalendar.com

Anmerkung : Tja, so kann es dem Herrn Professor ergehen, wenn er statt wie bei ihm offenbar üblich, monoton zu dozieren, versucht, Studierende zum Mitdenken und Mitmachen zu animieren. Da hat er die Trägheit der Studierenden wohl unterschätzt, sich und die Situation überschätzt und auch wohl ganz vergessen, von Anfang an einen Spannungsbogen aufzubauen. Ein versierter Chemie-Didaktiker könnte da sicher einige realistische erfolgversprechende Änderungsvorschläge entwickeln. Der 7. Februar, der Tag der Periodentafel, eignet sich doch hervorragend für solch einen Zweck.

Aus einem populärwissenschaftlichen Buch über die fantastischen Möglichkeiten der Chemie : In Frankreich gibt es 365 Käsesorten und eine Religion, in England dagegen 365 Religionen und eine Käsesorte.

Anmerkung : Was hat das mit Chemie zu tun ? Ich empfehle Lesenden ganz besonders die Lektüre von Artikeln über Kunstkäse. Sie werden staunen, was die Chemie alles bewirken kann, jeder wird beim Käsekauf in Zukunft besser aufpassen. Was besagt der Witz ? Nun ganz einfach : In Frankreich sind sich alle im Glauben einig, dass die Geschmäcker unterschiedlich sind. In England dagegen glaubt jeder, was er will. Aber sind die Engländer, was den Geschmack angeht, tatsächlich etwas unterbelichtet ? Oder ist das nur das Vorurteil der Franzosen oder des Autors des Chemiebuchs ?

In einer Klassenarbeit in Chemie lautet das Thema : Erkläre, wie man Brom herstellt. Fritzchens Antwort : Ich pflücke eine Brombeere und werfe sie auf den Boden. Die Brombeere reagiert mit der Erde und wird eine Erdbeere. Übrig bleibt reines Brom.

Anmerkung : Eine tolle Vorstellung, einfach, aber voll daneben. Zum Schmunzeln und sogar geeignet, als Fake-News in „sozialen Medien" verbreitet und von einigen Menschen auch geglaubt zu werden. Und eine Herausforderung für Chemiedidaktiker. Wie bekomme ich eine angemessene Vorstellung vom Vorgang in die Köpfe der Lernenden ? Also auf gehts, es ist viel zu tun.

Wer Ammonium-Schwefel nie sich aufs Kleid gegossen,
hat die Schönheit der Chemie nimmer voll genossen.
Wer nie stank nach H_2S, der hat nie studiert,
hätt er auch sein siebzehntes Praktikum testieret.

Anmerkung : Dieses Gedicht von Hubert Cremer (1897 - 1983) kann auch auf die Melodie „Gold und Silber lieb ich sehr" gesungen werden. Lesens- und singenswert ist auch die mathematische Variante dieses Lieds "Wer nur eine n-te küsst bis zur Jahreswende", und das nicht nur im Seminar oder am Stammtisch :

O alte Studentenherrlichkeit.

Wer n Mädchen heftig küsst bis zum Jahresende
und m andere schüchtern grüßt, dieser ist Studente
dann und nur dann, wenn hierbei, wie man leicht befindet,
n ist mindestens gleich zwei und das m verschwindet.

Anmerkung : Es ist Mathematik so richtig zum Knuddeln genauso wie es in der chemischen Variante Chemie zum Knuddeln ist.

Kapitel 6 : Alltägliches

"Tatsachen muss man kennen, bevor man sie verdrehen kann."

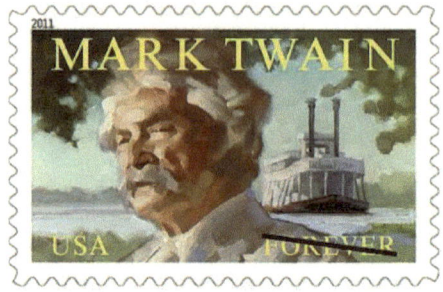

(Mark Twain, 1835 – 1910)

Fritzchen geht mit seiner Oma in den großen Supermarkt einkaufen, da fragt er sie : "Oma, darf ich einen Handstand machen ?" "Nein, Fritzchen. Dann sieht man doch deine Unterhose." Oma geht durch den Laden, kauft ein und als sie wiederkommt, ruft Fritzchen freudig : "Oma, Oma, ich habe einen Handstand gemacht !" "Aber Fritzchen, dann sieht man doch din Unnerbüx !" "Nö, Oma, die hab ich vorher ausgezogen."

Anmerkung : Ja, so geht es, wer unbedingt etwas machen will, der findet auch Mittel und Wege zur Realisation. Wundern sich Lehrende nicht häufig darüber, dass bei ihnen so träge und unwillig erscheinende Lernende woanders ganz aktiv und erfolgreich sind und bildungstheoretisch völlig unwichtige Dinge spielerisch sicher beherrschen ? In Düsseldorf könnte sich Fritzchen zum Radschläger weiter entwickeln.

Ein kleiner Junge läuft zu einem Polizisten und fragt ganz atemlos : „Können sie mir bitte helfen ?" „Ja wozu ?" Der Kleine antwortet : „Mein Vater schlägt sich gerade." Der Polizist geht mit und sieht 2 Männer, die sich prügeln. „Aber Junge, wer ist denn dein Vater ?" „Ich weiß es nicht," sagt der Kleine, „deswegen schlagen sie sich ja."

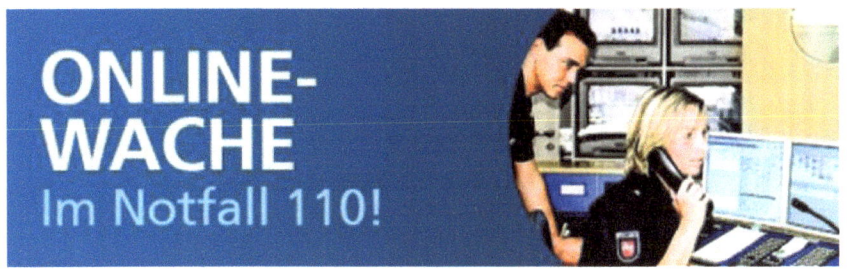

Anmerkung : Ob sich die beiden Männer wohl auch darum prügeln, wer von den beiden nach vielleicht höchstens 5 Minuten Rittmeister (Kürprogramm) 18 Jahre lang oder noch länger den Zahlmeister (Pflichtprogramm) spielen muss ?

Freundlich sagt die Hüttenwirtin am späten Abend zu ihren Gästen : „Gute Nacht alle miteinander, und schlaft recht gut. Jeder geht jetzt in sein Bett !" Am nächsten Morgen will sie wissen: „Nun, war auch jeder in seinem Bett ?" „Ja", antwortet Ulla, „Fritz ging in sein Bett, Uschi ging in sein Bett, Rita ging in sein Bett, Betty ging in sein Bett." „Und du, Ulla ?" „Ich ging natürlich auch in sein Bett."

Anmerkung : Was sind das nur für brave, gut erzogene Mädels, die der Wirtin aufs Wort gehorchen. Wenn doch nur alle so wären.

Frage : Welche Vögel können nicht hören ?
Frage : Was ist der einzige Mist, auf dem nichts wächst ?

Anmerkung : In diesen beiden Fällen gebe ich mal keine Antworten und auch keine Hilfen, sondern bin gespannt, wer selber auf die Lösung kommt, die beide unter Lösungen/Literatur angegeben werden. Aber die Blaumeise ist es garantiert nicht.

Sagte mal ein Schriftsteller : Frauen erleben die Liebe anders als Männer. Frauen stellen sich die Liebe wie einen Roman vor, Männer eher wie eine Kurzgeschichte.

Anmerkung : Wie heißt es immer so schön bei Pressekonferenzen, wenn es unangenehm werden könnte : "Kein Kommentar. (No comment)". Halten wir uns daran, sonst wird es eine endlose, wenig fruchtbare, aber furchtbare Diskussion zwischen Frauen, die Männer

nicht verstehen (können oder wollen) und Männern, die Frauen nicht
verstehen (können oder wollen).

Wir alle aber wollen das Lächeln und das Lachen nicht vergessen.
Daher ein Vorschlag zur Güte : Mann wie Frau lesen die beiden Bücher, einen Liebesroman und einen Krimi, beide in Ostfriesland an-
gesiedelt, und unterhalten sich dann darüber. Viel Spaß !

Mitternacht in einer kleinen Bar. Der Wirt steht mit ein paar Gästen
an der Theke. Da geht die Tür auf. Ein Mann kommt herein und bestellt eine Flasche Champagner. Er öffnet sie und ruft laut : „Prosit
Neujahr !" „Was soll der Quatsch ?", weist ihn der Wirt zurecht.
„Wir haben Ostern." „Ostern ?" murmelt der Mann perplex. „Oje,
das gibt Ärger. Solange war ich ja noch nie feiern."

Anmerkung : An der längsten Theke der Welt (welche Städte wetteifern nicht alle um dieses Prädikat ?) kann so etwas ja schon mal passieren, dass sich jemand total in der Zeit verheddert. Aber muss es gleich die ganze Zeit von Sylvester bis Ostern sein ?

Er verspricht : "Schatz, ich hol Dir die Sterne vom Himmel." Sie antwortet : "So weit brauchst Du nicht zu gehen. Geh in den Keller und hole mir Kohlen/Gemüse/Kartoffeln/Konserven/Tiefkühlkost/ Getränke/Kaminholz etc. rauf."

Anmerkung : Sprüche klopfen kann doch jede(r). Aber wie ist es, wenn es darauf ankommt, das Verprechen zu halten ? Erwartet Er dann nicht, dass sie ihm bereitwillig die Pantoffeln, die Zeitung, die Chips, das Bier und noch weitere Dinge heranschleppt und griffbereit sowie mundgerecht zur gefälligen Benutzung aufstellt oder ihn noch intensiver bedient ?

Ein kleiner Junge muss nachts zum Klo und kommt am Schlafzimmer der Eltern vorbei. Die Tür steht einen Spalt offen. Er wirft einen neugierigen Blick hinein und geht weiter. Dann sagt er leise, aber voller Empörung vor sich hin : „Und ich kriege von Mami immer eine runtergehauen, wenn ich am Daumen lutsche."

Anmerkung : Wird so die Jugend von heute aufgeklärt ? Zuschauen, rein zufällig oder beabsichtigt, möglich, aber Erklärungen von Seiten der Vorbilder nein, und wenn, dann sehr wischi waschi ? Aber ehrlich, hatten wir es als Kinder in diesem Bereich früher besser ? Und auch mit „Konrad, sprach die Frau Mama" wie beim Struwwelpeter war doch keine vernünftige Erziehung zu realisieren.

Disco-Geflüster : „Bist du bei der Post ?" „Nein wieso ?" „Weil du mich wie eine Drucksache behandelst."

Anmerkung : Es muss das übliche Gedränge auf der Tanzfläche gewesen sein. Und erzeugt Druck nicht Gegendruck, wie wir es von Isaac Newton her wissen ? Es war wohl eine Sie, die so fragt. Aber war er wohl schlagfertig genug, um eine passende Antwort zu geben ? Schade, dass der Witz uns da im Dunklen tappen lässt und leider keine Fortsetzung hat.

Personalfest im Krankenhaus. Zu vorgerückter Stunde schleppt ein Kollege eine Kollegin ab und sie verbringen eine Liebesnacht zusammen. Am nächsten Morgen : Sie: "In welcher Abteilung arbeitest Du ?" Er : "In der Anästhesie" Sie : "Aha, das dachte ich mir schon." Er : "Wieso das denn ?" Sie : "Ich habe die ganze Nacht nichts gespürt."

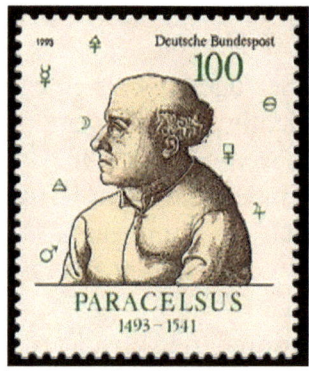

Anmerkung : Von wegen „Und es hat Wumm gemacht.", denkste, Irrtum vom Amt. Da ist es bei Prinz Charles offenbar schon heftiger, dessen Liebesakt von einer Dame, die behauptet, es zu wissen, einmal folgendermaßen beschrieben wurde : Er macht kurz Wämm, wämm, wämm, sagt dann „Thanks Madam" und das wars dann auch. Schon Paracelsus beobachtete die Wirkung von Äther. Aber es dauerte bis ins 19.Jahrhundert hinein, bis ein amerikanischer Zahnarzt ihn zur Narkose einsetzte.

Fragt ein Mann seinen besten Kumpel : "Wenn ich mit Deiner Frau schlafen würde, wären wir dann verwandt ?" Prompte Antwort : "Nein, aber quitt."

Anmerkung : Hahnrei pflegt man so einen Mann zu benennen. Und es gibt sogar ein modernes Musical mit dem Titel „Der gewaltige Hahnrei." Da weiß man(n) doch, was man(n) hat und woran man(n) ist. Die sollten doch gleich gemischtes Doppel im Tennis spielen, das macht Spaß, ist gesund, reizt zur Kommunikation, fördert die Gemeinschaft, und sie müssen virtuos mit nur einem Ball umgehen, sich aber einigen, wer da jeweils am Ball ist.

Auf einem Plakat am schwarzen Brett stand : "Lieber künstliche Intelligenz als natürliche Dummheit !" Darunter hatte jemand eingetragen : "Künstliche Intelligenz hat genau so viel mit Intelligenz zu tun wie naturidentische Aromastoffe mit natürlichem Geschmack."

Anmerkung : In meiner Schule war im Fahrradkeller an einer Wand ein Schild angebracht mit der Aufschrift : "Nur für Lehrer." Als frecher Schüler habe ich darunter geschrieben : "Auch für Fahrräder."

„Was ist ein Kreistier ?", so wurde einmal der Tierarzt gefragt, zu dem man im Kreishaus (komisch, aber wahr) um viele Ecken herum gehen musste, um sein Dienstzimmer zu erreichen. „Ein Kreistier ? So etwas kenne ich nicht. Was soll das denn sein ?", fragt der Tierarzt ratlos zurück. „Aber sie müssen das doch wissen. Sie sind doch Kreistierarzt."

"Es gibt Tiere, Kreise und Ärzte.
Es gibt Tierärzte, Kreisärzte und Oberärzte.
Es gibt einen Tierkreis und einen Ärztekreis.
Es gibt auch einen Oberkreistierarzt.
Ein Oberkreistier aber gibt es nicht."
(Roda Roda alias Sándor Friedrich Rosenfeld, 1872 - 1945)

Anmerkung : Ist eine Mädchenhandelsschule nun eine Handelschule für Mädchen oder eine Schule für Mädchenhandel ? Mathematiker gelten ja als pingelig, sie fordern Eindeutigkeit. Da aber für die Verkettung von Worten das Assoziativgesetz nicht gilt, sind Klammern erforderlich, um darzustellen, was genau gemeint ist, also in diesem Fall Kreis(Tierarzt) und nicht (Kreistier)Arzt.

Wandspruch in der Abteilung für Astrogeologie des Geologischen Amtes der USA : "This job is Top Secret. Even I don't know what

I'm doing." (Meine Arbeit ist so geheim, dass ich selber nicht weiß, was ich tue.)

Anmerkung : Und sogar auf den Kaffeetassen auf den Schreibtischen der Mitarbeiter (m/w/d) prangt dieser Spruch. Wissen wir eigentlich selber immer, wofür das gut ist, was wir gerade tun ?

Fragt der Lehrer im Geschichtsunterricht : „Wo wurde der Friedensvertrag von 1918 unterschrieben ?" Alle denken lange nach. Schließlich antwortet Fritzchen : „Na klar, unten rechts."

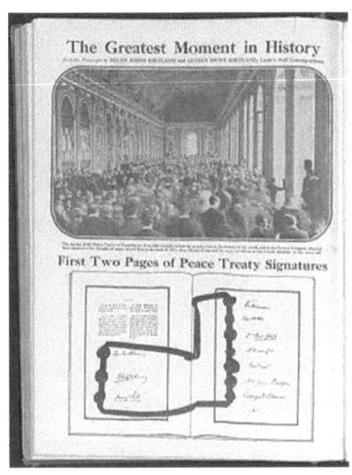

Anmerkung : Wer als Lehrer so unpräzise fragt, darf sich über diese Antwort nicht wundern. Es gibt noch klare Steigerungen : „In welchem Jahr wurde der Friedensvertrag von 1918 unterschrieben ?" Oder "Wo wurde der Versailler Friedensvertrag von 1918 unterschieben ?" Sage niemand, so dumme Fragen würden nie gestellt. Aber man muss die Seiten des Friedensvertrags nicht vor Augen haben, um anzunehmen, dass die Antwort von Fritzchen falsch ist. Die Unterschriften dürften unter den Vertragsklauseln wohl die ganze Breite der Seite und mehrere Zeilen eingenommen haben, und haben es auch, siehe Bild.

Kapitel 7 : Rotkäppchen

Rotkäppchen für Chemiker

Für das aus der Reaktion eines unbekannten Chemikers mit seinem weiblichen Reaktionspartner, der im folgenden kurz mit dem Trivialnamen Mutter bezeichnet wird, hervorgegangene Produkt hat sich in der internationalen Nomenklatur der Name 'Rotkäppchen' allmählich durchgesetzt, da das seinen Kopf bedeckende Kunstfasergewebe mit dem roten Phenazinfarbstoff Safranin gefärbt war. Aus einer Veröffentlichung in Carnevalistica Chimica Acta 11,11 entnahm die Mutter, dass der weibliche Reaktionspartner der Reaktion, bei der sie ihrerseits gebildet worden war - im folgenden mit Großmutter bezeichnet - einem Angriff von Stoffwechselprodukten von Bakterien ausgesetzt war.

Die Großmutter reagierte exotherm, was an einer negativen Reaktionswärme zu erkennen war, die von ihrer Oberfläche an die sie umgebende Gasphase abgegeben wurde. Zur Erhöhung ihrer Aktivierungsenergie hatte sich die Großmutter auf einem sonst zu Rekreationszwecken des menschlichen Körpers dienenden Gestell ausgebreitet. Die Mutter entnahm ihrer Chemikaliensammlung einige Flaschen mit Reagenzien, die geeignet waren, die schädlichen bakteriellen Stoffwechselprodukte nebst ihren Präparatoren aus der Großmutterlauge auszufällen. Die Reagenzien verpackte sie bruchsicher in einem mit Holzwolle ausgekleidetem Traggestell und beauftragte Rotkäppchen, dieses zur Großmutter zu befördern, es ermahnend, nicht das durch silikatische Gesteinsstücke befestigte Wegesystem zu verlassen.

Durch Anthocyaninfarbstoffe enthaltende Blütenblätter ließ es sich doch in die Cellulose-Lignin-Chlorophylll-Vorräte links und rechts der Wege locken. Dort begegnete es einem entlaufenen Versuchstier des physiologisch-chemischen Institutes namens Wolf. Dieses prüfte eingehend die Reagenzien und erkundigte sich nach ihrem Verwendungszweck. Der Wolf, der nach einer Substanz suchte, um in seiner Verdauungsapparatur einen neuen Ansatz fahren zu können, kam auf den Gedanken, dazu Großmutterfleisch als geeignetes Substrat zu verwenden. Er legte rasch den Weg zur Großmutter zurück.

Da das Tier annahm, dass Großmutterfleisch leicht oxydierbar sei, legte es auf schnelles Arbeiten wert und verwendete nicht wie bei früheren Reaktionsansätzen die von ihm entwickelte Fleischzerkleinerungsapparatur, die nach ihrem Erfinder auch Fleischwolf genannt wird, sondern zwängte die Großmutter in einem Stück in seinen Weithalskolben. Da sich der angreifenden Säure jetzt nur eine geringe Oberfläche bot, war die Reaktionsgeschwindigkeit natürlich sehr niedrig, und der Wolf legte sich auf ein von vier Stativen gehaltenes Liegegestell. Um Wärmeverluste an die Umgebung zu vermeiden, isolierte er sich mit Kleidung und Federbett der Großmutter.

Das Rotkäppchen, das bald eintraf, identifizierte den Wolf infolge zu oberflächlicher Analysemethoden als Großmutter. Es begann vorsichtig, den aliquoten Teil einer mitgeführten Reagenzlösung in den vermeintlichen Großmutterhals einzupipettieren. Der Wolf, der wegen der Reaktionshemmung in seinem Magen dringend einen Katalysator benötigte, glaubte diesen unter den Reagenzien zu erkennen und füllte sie alle in sich hinein, einschließlich Rotkäppchen und der ganzen Flasche Barbitursäurederivat, das der Großmutter eigentlich als Schlafmittel hätte dienen sollen.

Zur Erklärung dieses experimentellen Fehlers sei bemerkt, dass er mit sauberem präparativen Arbeiten nicht vertraut war. Die danach zu erwartende Wirkung trat schnell ein. Der aufsichtsführende Chemiker, der vom Institut über das Entlaufen des Versuchstiers informiert worden war, fand den Wolf in diesem Zustand vor. Durch starkes Stoßen in der Bauchapparatur wurde er auf eine vorschriftswidrige Beschickung aufmerksam. Er öffnete die Apparatur und konnte Großmutter und Rotkäppchen ziemlich intakt entnehmen.

Sie waren kaum angeätzt. Den Wolf, dessen Außenwände durch das starke Stoßen schon Sprünge aufwiesen, zertrümmerte er vollständig und warf ihn auf den Abfallplatz. Die beiden isolierten Substanzen wurden durch die plötzliche Lichteinstrahlung in einen angeregten Zustand versetzt. Die schüssige Energie wurde in Form von Translations-, Rotations- und Oszillationsbewegungen abgegeben. Der Vorfall wurde in einer Zuschrift an die Herausgeber von Grimms Annalen der Chemie veröffentlicht.

Anmerkung : Das Eintauchen in die Sprach- und Vorstellungswelt der Chemie macht für mich den besonderen Charme dieser Version aus. Nicht-Chemiker sollten sich von den Fachausdrücken nicht verwirren lassen, schließlich können wir ja alles nachschlagen oder im Internet nachlesen.

Rotkäppchen für Beamte (Autor : Thaddäus Troll, 1914 - 1980)

Im Kinderfall unserer Stadtgemeinde ist eine hierorts wohnhafte, noch unbeschulte Minderjährige aktenkundig, welche durch ihre unübliche Kopfbekleidung gewohnheitsrechtlich Rotkäppchen genannt zu werden pflegt. Der Mutter besagter R. wurde seitens ihrer Mutter ein Schreiben zustellig gemacht, in welchem dieselbe Mitteilung ihrer Krankheit und Pflegebedürftigkeit machte, der Großmutter eine Sendung von Nahrungsmitteln und Genussmitteln zu Genesungszwecken zuzustellen.

Vor ihrer Inmarschsetzung wurde die R. seitens ihrer Mutter über das Verbot betreffs Verlassen der Waldwege auf Kreisebene belehrt. Dieselbe machte sich infolge Nichtbeachtung dieser Vorschrift straf-

fällig und begegnete beim Übertreten des amtlichen Blumenpflück-
verbotes einem polizeilich nicht gemeldeten Wolf ohne festen Wohn-
sitz. Dieser verlangte in gesetzwidriger Amtsanmaßung Einsicht in
das zu Transportzwecken von Konsumgütern dienende Korbbehält-
nis und traf in Tötungsabsicht die Feststellung, dass die R. zu ihrer
verschwägerten und verwandten, im Baumbestand angemieteten
Großmutter eilend war.

Da wolfseits Verknappung auf dem Ernährungssektor vorherrschend
war, fasste er den Entschluss bei der Großmutter der R. unter Vorla-
ge falscher Papiere vorsprachig zu werden. Weil dieselbe wegen Au-
genleidens krank geschrieben war, gelang dem in Fressvorbereitung
befindlichen Untier die diesfallsige Täuschungsabsicht, worauf es
unter Verschlingung der Bettlägerigen einen strafbaren Mundraub
zur Durchführung brachte.

Ferner täuschte das Tier bei der später eintreffenden R. seine Identität mit der Großmutter vor, stellte ersterer nach und in der Folge durch Zweitverschlingung der R. seinen Tötungsvorsatz unter Beweis.

Der sich auf einem Dienstgang befindliche und im Forstwesen zuständige Waldbeamte B. vernahm Schnarchgeräusche und stellte deren Urheberschaft seitens des Tiermaules fest. Er reichte bei seiner vorgesetzten Dienststelle ein Tötungsgesuch ein, das dortseits zuschlägig beschieden und pro Schuss bezuschusst wurde. Nach Beschaffung einer Pulverschießvorrichtung zu Jagdzwecken gab er in wahrgenommener Einflussnahme auf das Raubwesen einen Schuss ab. Dieser wurde in Fortführung der Raubtiervernichtungsaktion auf Kreisebene nach Empfangnahme des Geschosses ablebig.

Die gespreizte Beinhaltung des Totgutes weckte in dem Schussgeber die Vermutung, dass der Leichnam Menschenmaterial beinhalte. Zwecks diesbezüglicher Feststellung öffnete er unter Zuhilfenahme eines Messers den Kadaver zur Totvermarktung und stieß hierbei auf die noch lebhafte R. nebst beigehefteter Großmutter. Durch die unverhoffte Wiederbelebung bemächtigte sich beiden Personen ein gesteigertes, amtlich nicht zulässiges Lebensgefühl, dem sie durch groben Unfug, öffentliches Ärgernis erregenden Lärm und Nichtbeachtung anderer Polizeiverordnungen Ausdruck verliehen, was ihre Haftpflichtigmachung zur Folge hatte.

Der Vorfall wurde von den kulturschaffenden Gebrüdern Grimm zu Protokoll genommen und stark bekinderten Familien in Märchenform zustellig gemacht. Wenn die Beteiligten nicht durch Hinschied abgegangen und in Fortfall gekommen sind, sind dieselben derzeitig noch lebhaft.

Anmerkung : Was für ein Kontrast, die chemische Version, die Beamtenfassung und die eines Linguisten. Interessant, wie der gleiche Sachverhalt so unterschiedlich dargestellt werden kann. Aber ist das Beamtendeutsch nicht auch eine Wissenschaft für sich ?

Rotkäppchen aus der Sicht eines Linguisten

Es war einmal ein spezifiziertes Subjekt (Käppchen), dem wurde ein Feature (+rot) zugeordnet. GROSSMUTTER zeigt negative Evidenz für die Wohlgeformtheitsbedingungen ihrer Oberflächenstruktur und MUTTER postulierte die probabilistische Strategie:

→ Bewege diesen Output zyklischer Transformationen (Kuchen + Wein) zu GROSSMUTTER.

→ Verstoße dabei nicht gegen die Weg-Insel-Beschränkung.

Die Strategie war funktional, scheiterte jedoch an dem Merkmalsbündel WOLF (+böse), das sich in der Distribution WALD befand. WOLF dekodierte die Bewegungsregel von ROTKÄPPCHEN, platzierte sich vor diesem in die vorgesehene Position und wendete auf GROSSMUTTER eine Tilgungstransformation an.

Ein explorativ orientierter JÄGER sensierte auditiv Dreikonsonantenkluster mit Sonoritätsgipfel und klassifizierte das Lautkontinuum als Schnarchen. Nachdem er sich in eine benachbarte Position bewegt hatte, analysierte er messerscharf die signifikante Tiefenstruktur:

→ WOLF → MAGEN: (Großmutter + Rotkäppchen).

Damit überließ er das Phänomen seinem Schicksal und eilte zum Schreibtisch, wo er diese innovatorische Erkenntnis in einer 200 Seiten langen Arbeit niederlegte, mit der er die Umformulierte Normalosierte Standardisierte Intensivierte Nullifizierte Nominalphraseologie (UNSINN) realisierte. Durch minimale Faktorisierung wurde er auf einen professoralen Hochsitz passiviert. Und wenn er nicht getilgt wurde, sitzt er dort noch heute.

Anmerkung : Können wir diese Geschichte aus Sicht eines Linguisten geschrieben in typisch professoraler Diktion nicht auch als Umformulierte normalosierte standardisierte intensivierte nullifizierte nonimalphraseologie (Unsinn), also je unverständlicher, desto wissenschaftlich klingender, desto Unsinn, ansehen ? Im E-Book des Verfassers „Lachen und Staunen über Mathematik – schmunzelndes Mitdenken erwünscht" (siehe unter Literatur) findet man je eine Rotkäppchen-Version in der Sprache der Mathematik, eine in der Sprache der Informatik und eine freie Dichtung.

Versionen für andere Fächer, Berufe, Dialekte und Weltanschauungen findet man im Internet. Exemplarisch zwei Links dazu :

https://www.janko.at/Humor/Rotkaeppchen

https://www.familie-ahlers.de/wissenschaftliche_witze/rotkaeppchen:mathematiker.html

Kapitel 8 : Corona

„Am Ende wird alles gut. Wenn es nicht gut wird, ist es noch nicht das Ende."

Glosse: Wie die 16 Bundesländer das Virus und uns Bürger verwirren...

Nach rund 4 Wochen Quarantäne und 6 Wochen Coronazeit in Deutschland ist es Zeit, ein Fazit zu ziehen. Glaubt man den Bestimmungen der einzelnen Bundesländer, so ergibt sich zur Verbreitung von Covid-19 folgendes Bild :

Seit Ausbruch der Corona Pandemie durfte man in Deutschland ohne Mundschutz einkaufen, Bus oder Zug fahren. Jetzt 6 Wochen später kommt die Mundschutzpflicht für diese Bereiche, aber natürlich nicht in ganz Deutschland : das Virus sucht sich schließlich das Bundesland aus.

Das Virus verbreitet sich generell und irre schnell in Kindergärten, Schulen, Unis, Gaststätten, Fitnessstudios und Hotels aus, aber in großen Industrien nicht, bei den vielen Arbeitern dort ist dem Virus das zu anstrengend.

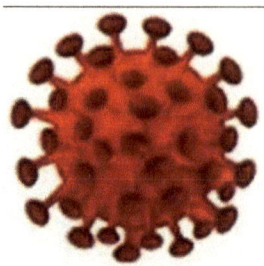

In Hessen verbreitet sich das Virus durch/in Eisdielen aus (weswegen diese geschlossen sind), aber nicht in Baumärkten, sobald das Virus aber die bayerische Landesgrenze überquert, überlegt es sich das anders und verbreitet sich jetzt über Baumärkte (weswegen diese geschlossen sind), nimmt dafür aber Abstand von Eisdielen. Hübscher Nebeneffekt: Die bayerische Polizei bestraft Hessen, die sich ein bayerisches Eis holen, die hessische Polizei schnappt sich dafür bayerische Heimwerker.

Das Virus hat eine weitere Besonderheit in Bayern: Es lauert auf Parkbänken, es sei denn, jemand sitzt darauf und liest. Dann liest das Virus mit und ist abgelenkt. Deswegen darf man ausdrücklich in Bayern auf einer Bank als Einzel- oder Doppelperson Platz nehmen, wenn man dabei liest und Tisch und Bett miteinander teilt. Sich selbst fremde Personen sollten aber nur mit einem Mindestabstand von 1,50 Metern miteinander lesen und lieber nicht auf der gleichen Bank hocken.

Ferner macht das Virus einen Unterschied zwischen diversen Supermarktketten. Im Aldi fällt das Virus nur Personen an, die keinen Einkaufswagen schieben, deswegen muss im Aldi jeder Besucher einen Einkaufswagen nehmen. Was die Gänge derart verstopft, dass sich die Leute aneinander vorbeiquetschen. Aber keine Angst, das Virus ignoriert da mal kurz den nicht eingehaltenen Sicherheitsabstand. Im Edeka ist das Virus etwas lockerer, da befällt es nur Kunden ab einer Gesamtanzahl X im Laden. Aus diesem Grund darf dort nur der Laden betreten werden, wenn dafür ein anderer Besucher den Laden verlässt. Dann ist das Virus irritiert und verkrümelt sich.

Das Virus meidet, übrigens generell Dienstleistungsbetriebe !

Auch erstaunlich ist, dass sich das Virus nur in einem Null- und 180-Grad Winkel verteilt, wie die diversen Markierungen in den Supermärkten zeigen. Seitlich sind diese nämlich recht eng nebeneinandergeklebt, mit weniger als wenigstens einer Armlänge Abstand. Gut, das Computerfahndungsfoto des Virus zeigt ja auch einen hübschen symmetrischen Schnitt, da kann man das verstehen.

Außerdem verbreitet sich das Virus gerne in Elektronikmärkten, weswegen diese geschlossen sind. Es sei denn, es handelt sich um Großmärkte mit einer Elektronikabteilung. Da weiß das Virus nämlich nicht, ob es sich auf Schnaps oder Computer setzen soll, und entscheidet sich dafür, gar nichts zu tun. Deswegen kann man in Großmärkten nach wie vor Elektronik kaufen. Zumindest in Bayern und wenn man eine Gewerbeanmeldung hat. Diese immunisiert zusätzlich.

In Rheinland-Pfalz treibt sich das Virus gerne in Kantinen herum, meidet diese aber in Baden-Württemberg und Berlin, wahrscheinlich hat es Angst, auf Grüne zu treffen. Deswegen sind Kantinen in Rheinland-Pfalz geschlossen, nebenan aber nicht. In Bayern wiederum hält das Virus die Tentakel still, wenn sich in einer Kantine nicht mehr als 30 Personen aufhalten. Da lohnt sich die Verbreitung für das Virus nicht. Außerdem unterscheidet das Virus in Bayern nach Touristen und Geschäftsreisenden, denn Hotels, die ausschließlich Geschäftsreisende und Gäste für nicht private touristische Zwecke aufnehmen, dürfen geöffnet bleiben. Wer diese ominösen Gäste sind, die keine Geschäftsreisenden und keine privaten touristischen Zwecke verfolgen, steht in der Verordnung nicht drin.

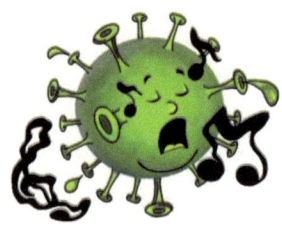

Das Virus meidet generell Dienstleistungsbetriebe – außer Bordellen, da ist das Virus gerne, was ich nachvollziehen kann. Deswegen sind Bordelle geschlossen, Banken hingegen nicht. Daneben fühlt sich das Virus in Berliner Buchläden unwohl (gut, so viel Literatur gib es da auch nicht), in Bayern hingegen sogar so pudelwohl, dass in Bayern Buchläden geschlossen, in Berlin jedoch offen sind. In Bayern juckt das keinen.

Das Virus befällt außerdem Zweitwohnsitzbewohner in Mecklenburg-Vorpommern, die deswegen aus dem Bundesland geschmissen werden, und Feriengäste in Schleswig-Holstein - deswegen ist für die Hamburger an der Stadtgrenze Schluss. Außerdem verbreitet sich das Virus in Rheinland-Pfalz in Sportboothäfen, was ein schwerer Schlag für die Sportbinnenschiffer ist. In Thüringen und Berlin müssen Bürger, die von einer Reise zurückkehren, die Behörden hierüber informieren und erst einmal 14 Tage zu Hause bleiben, in Bayern juckt das keinen. Außer, er kommt aus einem Gebiet, dass das Robert-Koch-Institut als „Risikogebiet" ausgewiesen hat. Dann darf der möglicherweise fiebrige Transpirant für 14 Tage keine Hochschule betreten. Gut, das wäre sowieso sinnlos, die sind ja geschlossen. Thüringen nimmt dafür nur noch Thüringer auf, wer aus einem anderen Bundesland ohne triftigen Grund in das Staatsgebiet des deutschen demokratischen Bundeslandes Thüringen einreist, muss Thüringen ohne den Verzehr einer regionalen Bratwurst auch sofort wieder verlassen und darf Thüringen nur als Transitland benutzen. Außer, sie sind bekennende Infizierte. Dann dürfen sie nicht einmal das und müssen einen Umweg über Tschechien fahren.

Während Sachsen ausdrücklich erwähnt, dass seine Bürger beispielsweise bei einem Wohnungsbrand das Haus verlassen dürfen, wurde dies in Bayern schlicht vergessen. Oder die Bayern gehen davon aus, dass es besser ist, wenn ein potentieller Virenträger verbrennt, als sich einem Feuerwehrmann auf weniger als zwei Armlängen Abstand nähert.

Gegen das Virus komplett immun sind überraschenderweise Schutzsuchende aus anderen Ländern. Für die gilt keine der genannten Einschränkungen, diese dürfen weiterhin einreisen. Es sei denn, sie besuchen Deutschland zu touristischen Zwecken, weil sie sich gerne Deutsche in ihren Häuschen betrachten. Das wiederum ist verboten. Die müssen schon hier Schutz suchen – sonst gilts nicht.

Und jetzt, nach den Lockerungen, muss man feststellen, dass das Virus den Thüringer Zoo in Erfurt nicht mag und dieser deshalb öffnen darf. Das Virus aber wiederum den Leipziger Zoo liebt und gerne seine Zeit dort verbringt, wodurch man dort leider nicht hin darf ...

(29.04.2020 geschickt bekommen, Verfasser : Unbekannt)

Auf diese Glosse folgt eine regional angehauchte **Ergänzung** aus der Feder von Jodokus Rauschebart :

Das Bundesland Bremen hat so manche Problemzone, um die das Virus offenbar einen großen Bogen macht, während es sich jenseits der bremischen Landesgrenzen in Niedersachsen auszutoben scheint. Wie anders kann es möglich sein, dass der Golfclub „Bremische Schweiz" auf seinem 18-Loch Golfplatz, von denen 9 in Bremen, die anderen 9 jedoch im niedersächsischen Ausland liegen, seit Montag (27.04.20) den Betrieb auf den 9 in Bremen gelegenen Löchern (10 – 18) wieder aufgenommen hat, während übereifrige Golfspieler vom Überqueren der Landesgrenze zu Niedersachsen durch ein Spielverbot auf den dortigen 9 Löchern unter Androhung eines Bußgelds vor dem Virus geschützt werden müssen ? Na ja, eine neuartige gefährliche Zecke, die aus dem Grün droht, und a Virus is in the Air (not love !), das wäre auch zu viel, selbst für hartgesottene Golfer. Woher kennt eigentlich das Virus die Grenzen der Bundesländer so genau ? (Quelle : Internet und Bildschirmtext NDR).

Die Virologen der Deutschen Bahn scheinen herausgefunden zu haben, dass das Virus offenbar den Personennahverkehr bevorzugt und sich vom Fernverkehr, wie es sich gehört, möglichst fernhält. Wie anders ist zu erklären, dass Menschen in Nahverkehrszügen eine Mund-Nasen-Schutzmaske verpflichtend aufsetzen müssen, während sie in Fernverkehrszügen nicht nur auf eine schützende Kopfbedeckung, sondern sogar auf einen Mund-Nasen-Schutz verzichten dürfen ? Die Wortwahl der DB ist entlarvend : Im Nahverkehr ist die Virusgefahr nah, während sich das Virus vom Fernverkehr fern hält.

Besonders unübersichtlich und vertrackt sind die Verhältnisse auf der IC-Linie 56, die zwischen Leipzig Hbf und dem ostfriesischen Norddeich verkehrt. Zwischen Norddeich Mole und Bremen Hbf verkehren die Züge gleichzeitig als Regionalexpress (RE), kenntlich gemacht durch zwei verschiedene Zugbezeichner (IC plus Zugnummer sowie RE plus Zugnummer). Nahverkehrsfahrkarten werden auf dieser Strecke anerkannt. Aber woher weiß das Virus denn, dass ein Bahnreisender, der mit einer Fernverkehrsfahrkarte unterwegs ist, den Zug aber als RE ansieht und das durch Tragen von Nasen-Mundschutz deutlich macht, ein mögliches Angriffsziel ist, während der neben ihm sitzende die Abstandsregelung nicht einhaltende Nachbar mit Nahverkehrsfahrkarte, für den dieser Zug aber ein IC ist, der deshalb konsequent auch keinen Schutz trägt, für das Virus tabu ist ? Nur in einem Fall sind die Verhältnisse für alle einschließlich Virus eindeutig geklärt : Dann nämlich, wenn ein Reisender auf dieser Strecke eine Sitzplatzreservierung besitzt; denn die wird nur bei einer Fahrkarte des Fernverkehrs ausgestellt, während Reisende mit Nahverkehrsfahrkarte einen freien Platz zwar belegen dürfen, aber keinen Platz reservieren können. Liebe Lesende, soweit alles klar ? Warum kommt die DB nicht auf die naheliegende Idee, auch in Nahverkehrszügen eine Reservierungsgebühr als Fernverkehrsabgabe zu erheben, um so dem Virus die Mitfahrt zu vergällen ? Betroffene Vielfachnutzer der Bahn können doch aus dem Bundeshaushalt entschädigt und so vor dem finanziellen Ruin bewahrt werden. (Quelle : Internet, Auskunft DB)

Noch verwirrender ist das Verhalten des Virus, wenn es um unsere Nordseeinseln geht. Wieso werden Arbeiter, die im Moment die - zum Teil vorgezogenen - Bau- und Modernisierungsmaßnahmen auf der Insel durchführen, für die sogar der sonst übliche Baustopp in der Hauptsaison aufgehoben wird, beim Betreten der Fähre vom Virus in Ruhe gelassen werden ? Sie dürfen übersetzen, sofern sie sich vom Virus entsprechend fernhalten. Aber Angehörige dürfen zwar zur Beerdigung ihrer Mutter/Vater/Kinder ebenso übersetzen, sind dann aber nur für 1 Tag sicher, werden jedoch bei der Beerdigung ihrer Großeltern/Enkel vom Virus bevorzugt beim Inselbesuch heimgesucht ? Und müssen natürlich aus diesen Gründen vor dem Besuch der Insel geschützt werden, aber das nur in Niedersachsen, während das Virus in Schleswig-Holstein auf den Inseln ganz andere Prioritäten setzt und Privilegien genießt. Wo hat das Virus dieses kleinstaatliche Denken überhaupt auf dem weiten Weg aus China zu uns gelernt ? Im zentralistisch regierten China und den angrenzenden Staaten doch sicher nicht. (Quelle : Internet und Bildschirmtext NDR)

Anmerkung : So weit einige regionale Besonderheiten des Virus, vom Rauschebart mit Freuden aufgespießt. Wer in anderen Regionen wohnt, wird sicher andere Beobachtungen über die Anpassung des Virus an landestypische Gewohnheiten und landestypische Denkstrukturen beobachten und beisteuern können. Es leben die Reminiszenzen an den mittelalterlichen Fleckenteppich der Duodez-Herrschaften.

Jesus in Corona-Zeiten in Videokonferenz mit seinen Jüngern

Anmerkung : So hätte ein mittelalterlicher Maler wohl die Situation im Home-Office und den vielen Videoschaltungen bei Home-Schooling, bei Konferenzen wie auch bei kirchlichen Synodalsitzungen gesehen. Heute schmunzeln wir über die Situationen, die wir damals bewältigen mussten und würden sicher vieles anders machen. Hoffen wir, dass wir niemals mehr so etwas erleben müssen.

Kapitel 9 : Aus dem Leben gegriffen

„Wir lernen aus Erfahrung, dass die Menschen nichts aus Erfahrung lernen."

(George Bernard Shaw, 1865 – 1950)

Ein Gast bemerkt im Restaurant : "Herr Ober, Sie haben Ihren Daumen auf meinem Steak !" "Reine Vorsichtsmaßnahme, damit es nicht noch einmal 'runterfällt und Ihr Hund es sich schnappt." "Und warum hatten Sie eben Ihren Daumen in meiner Suppe ?" "Lach, irgendwo müssen die Fettaugen doch herkommen."

Anmerkung : In einem Alt-Wiener-Kaffeehaus bestellt meine Frau einen Kaffee. Der Ober :" Gnä Frau, ahn Kaffee, den hats hier nicht." Sagt es, dreht sich um und bedient am Nachbartisch. Ich hatte aber schon meinen Kaffee mit dem obligatorischen Glas Wasser vor mir stehen. Na ja, Frauen müssen sich ja erst mal ausgiebig fein und frisch machen, schicken aber den Mann schon vor, um einen guten Platz zu suchen und zu besetzen. Also kläre ich sie auf, was sie denn bei der Bestellung sagen muss. Nach einiger Zeit kommt der Ober wieder. Meine Frau :"Herr Ober, einen kleinen Braunen bitte." Der strahlt über das ganze Gesicht : "Gnä Frau, hattens a Inspiration ?"

„Sage mir, mit wem Du umgehst, und ich sage Dir, wer Du bist." Das versprechen Anhänger einer gewissen wissenschaftlichen Fachrichtung, in dem sie ein Goethe-Zitat benutzen. Eine Wahrsagerin auf der Kirmes drückte sich da viel einfacher aus : „Sage mir Deinen Namen und ich sage Dir, wie Du heißt."

„Sage mir, mit wem Du umgehst, so sage ich Dir, wer Du bist; weiß ich, womit Du Dich beschäftigst, so weiß ich, was aus Dir werden kann." (Johann Wolfgang von Goethe, 1749 – 1832)

Anmerkung : Jede(r) muss eben sehen, wie er/sie Geld verdient. Und es gibt immer wieder Dumme, die auf jeden Blödsinn reinfallen.

„Sie waren im Viertel der Grünen Witwen als Vertreter tätig ?" „Ja." „Und was haben Sie dort vertreten ?" „Die Ehemänner."

Anmerkung : Solch eine Grüne Witwe wie auf dem Bild auf der nächsten Seite war sicher nicht gemeint. Aber so geht es, wenn nur die Männer die Kohle ran schaffen müssen und ihre besseren Hälften

sich zu Hause langweilen. Wie war das noch ? Das bisschen Haus-
halt macht sich von allein. Na, wer lacht denn da ?

Der Vater zum 5jährigen Fritzchen : „Der Storch hat dir letzte Nacht
ein Schwesterchen gebracht." „Mensch, Papi, da laufen in der Stadt
die geilsten Tussis rum, und du machst es mit dem Storch !"

Anmerkung : Da haben wir's. Die Jugend von heute ist aufgeklärt
und die Eltern reden um den heißen Brei rum. Aber da steht ja
manchmal in Mathematikbüchern so eine Tabelle, wo ein Rückgang/
Anstieg der Geburten mit einem Rückgang/Anstieg der Storchenzahl
verglichen wird. Ob da also doch was dran ist ?

Es schrieb mir ein armer, bemitleidenswerter Mitarbeiter eines
Dienstleistungsunternehmens : "Denke immer daran, da strampel ich

mich Jahr für Jahr 7 Tage die Woche und 365 Tage im Jahr für die Firma und damit auch für Dich ab, und Du schreibst so schlechte Kritiken über uns Mitarbeiter. Sei doch mal fair."

24/7/365
A phrase used by stupid people
who don't realize the illogic of what they're saying.
Quelle : https://www.urbandictionary.com/define.php?term=24%2F7%2F365

Anmerkung : Einverstanden, ich ziehe einfach mal ganz fair meine Schlussfolgerungen und nehme diese doch etwas großkotzigen Worte ausnahmsweise auch mal Ernst. Jetzt weiß ich endlich, warum Mitarbeiter dieses Dienstleisters so viele Fehler machen. Sie haben keine Zeit für kreative Pausen, zur Erholung und Regeneration. Sie hetzen von einer Fehlentscheidung und Fehlerbeseitigung in die nächste und produzieren, wenn sie es denn mal schaffen, einen Fehler zu beseitigen, dabei immer wieder neue Fehler. Und jetzt noch ernster : Der arme Mitarbeiter muss uns allen Leid tun. Wenn er Recht hat, dann hat er lediglich innerhalb von 4 Jahren einen einzigen Tag zum Ausspannen. Der nächste ist frühestens am 29. Februar 2026 und spätestens am 31. Dezember 2026.

Ein gut aussehender Mann geht in eine Bar. Am anderen Ende des Tresens sitzt eine sehr attraktive Frau und beobachtet ihn, wie er alle naselang auf seine teure Armbanduhr schaut. Da er ihr gefällt, geht sie rüber und fragt: "Na, hat sich Ihre Verabredung verspätet ?" "Nein, nein", meint er, "das ist eine ganz besondere Uhr, die kann per Telepathie mit mir sprechen." "Ach ja, - und was erzählt die Uhr Ihnen so ?" "Sie hat mir gerade gesagt, dass Sie keine Unterwäsche tragen." Die Frau wird ein wenig rot: "Natürlich habe ich Unterwäsche an, die Uhr muss kaputt sein." "Nein", sagt der Mann, "kaputt ist sie bestimmt nicht, kann aber sein, dass sie eine Stunde vorgeht."

Anmerkung : Da strotzt aber ein Mann vor Selbstvertrauen. Ob er dieses Mal wohl einen Korb bekommt, gewissermaßen als deutlicher Lerneffekt, ein für alle Mal ?

Ein Deutscher sitzt gerade beim Frühstück mit Kaffee, Croissants, Butter und Marmelade, als sich ein Kaugummi kauender Texasboy neben ihn setzt. Ohne aufgefordert zu werden, beginnt der Texaner eine Konversation : "Esst ihr Deutschen eigentlich das ganze Brot ?" Der Deutsche lässt sich nur widerwillig von seinem Frühstück ablenken und erwidert : "Ja, natürlich." Der Texaner macht eine Riesenblase mit seinem Kaugummi und meint : "Wir nicht. Bei uns in Texas essen wir nur das Innere des Brotes. Die Brotrinden werden in Containern gesammelt, aufbereitet, zu Croissants geformt und nach Deutschland verkauft."

Der Deutsche hört schweigend zu. Der Texaner lächelt verschmitzt und fragt : "Esst ihr auch Marmelade zum Brot ?" Der Deutsche erwidert leicht genervt : "Ja, natürlich." Während der Texaner seinen Kaugummi aufreizend zwischen den Zähnen zerkaut, meint er : "Wir nicht, bei uns in Texas essen wir nur frisches Obst zum Frühstück. Die Schalen, Samen und Überreste werden in Containern gesammelt, aufbereitet, zu Marmelade verarbeitet und nach Deutschland verkauft."

Nun ist es an dem Deutschen eine Frage zu stellen : "Habt ihr Sex in Texas ?" Der Texaner lacht und sagt : "Ja natürlich haben wir Sex, und wie." Der Deutsche lehnt sich über den Tisch und fragt : "Und was macht ihr mit den gebrauchten Kondomen ?" "Die werfen wir weg", meint der Texaner. Jetzt fängt der Deutsche an zu lächeln : "Wir nicht, in Deutschland werden alle Kondome in einem Container gesammelt, aufbereitet, nach China verkauft, dort zu Kaugummi verarbeitet und nach Texas geliefert."

Anmerkung : Es leben die Vorurteile. Und die werden weiter kräftig angeheizt, solange es Trump-eltiere in der Politik gibt, die von sich so eingenommen und überheblich sind, dass sie nicht merken, wenn sie ihre mangelnde Bildung und Menschenkenntnis zur Schau stellen.

Der Pfarrer bei einer Beerdigung : „Heute geben wir unserem lieben Mitbürger Hubert Kampf das letzte Geleit. Kampf - das war nicht nur sein Name, sondern auch sein Lebensmotto. Für die Armen hat er gekämpft, und auch für die Obdachlosen. Er hat gekämpft für die Kranken und gekämpft für die Alten. Er hat gekämpft für die Arbeitslosen und die neu Zugezogenen. Nie hat er aufgegeben, nie hat er verzagt, nie aufgehört zu kämpfen ...“ Tuschelt ein Beerdigungsgast zu seinem Nachbarn: „Also meine Grabrede dürfte dieser Pastor nicht halten!“ „Wieso denn das ?“ „Ich heiße Vogel.“

Anmerkung : Da gibt es sicher auch noch andere Namen, die dieser Pastor in seiner berüchtigten Grabrede nicht benutzen dürfte. Wem fällt spontan solch ein Name ein ?

„Was wünschst du dir denn zum Geburtstag ?“ wird der kleine Peter in der Schule gefragt. „Eine Packung Tampons.“ Die Lehrerin ist bei dieser Antwort verlegen und überrascht zugleich. „Wieso das denn ?", fragt sie. „Im Werbefernsehen sagen sie doch immer, damit kann man schwimmen, Rad fahren, surfen, Ski laufen, Tennis spielen, also einfach alles, was man möchte und Spaß macht."

Anmerkung : Was die Werbung nicht so alles verspricht. Zum Beispiel : Warum darf kein Atommüll auf den Mars gebracht werden ? Na klar : Mars bringt verbrauchte Energie zurück. Siehste, auch das verspricht die Werbung.

"Ich gehe nie mehr zu Oma und Opa", sagt Klein-Patrick zu seinen Eltern. "Die sitzen den ganzen Tag auf dem Sofa herum und haben nichts an." "Um Himmels willen. Was sagst Du da ? Die haben nichts an ?" "Ja, überhaupt nichts. Kein Fernsehen, kein Radio, kein Video, keinen Computer, einfach gar nichts."

Oma und Opa
Genau wie die Eltern
Nur viel cooler.

Anmerkung : Oder hast Du etwa etwas anderes von Oma und Opa erwartet ? Und die Liste über das, was da, aber nicht an ist, und über das, was nicht an ist, weil es nicht da ist, kann wohl bei vielen vor allem älteren Omas und Opas noch ganz schön erweitert werden.

Kommt eine junge Frau zum Vorstellungsgespräch. Fragt der Perso-
nalchef : "Nennen Sie mir drei Fleischgerichte." Die Frau : "Brat-
hähnchen, Gulasch und Sauerbraten." - "Nennen Sie mir drei alkoho-
lische Getränke." - "Whiskey, Weinbrand, Wodka." - "Nun nennen
Sie mir drei Vogelarten." - "Amsel, Drossel, Storch." - "Und zum
Schluss nennen Sie mir noch drei Flüsse in Dänemark." - "Weiß ich
nicht." - "Wusste ich doch, dass Ihr jungen Dinger außer Fressen,
Saufen und Vögeln nichts im Kopf habt."

Anmerkung : Da war wohl die Entscheidung über die Stellenbeset-
zung schon vor diesem „Vorstellungsgespräch" gefallen. Oder etwa
nicht ?

Prüfungsfrage : "Wie vermehren sich Stachelschweine ?" Erwartete
Antwort : "Vorsichtig, sehr vorsichtig."

Anmerkung : Aber Herr Professor, Humor ist etwas Wundervolles.
Aber solch eine Frage in einer Prüfung, wo der/die zu Prüfende er-
hebliches Lampenfieber hat, das geht doch entschieden zu weit. Sind
sie sicher, dass jemand, der mit der von Ihnen erwarteten Antwort
vor Ihnen besteht, und das vielleicht auch nur, weil er sie sich vorher
eingetrichtert hat, schließlich ist das ja eine ihrer Standardfragen,
auch vor einer Klasse bestehen kann ?

Kapitel 10 : Weitere Persönlichkeiten

„Wenn eine Krankheit bei vornehmen Leuten einkehrt, so wird sie mit solchen pomphaften Zeremonien empfangen, dass sie gar nicht wieder fortgehen mag. "

Der Berliner Arzt Ernst Ludwig Heim war wegen seiner Schlagfertigkeit ein bekanntes Berliner Original. Er sprach einmal eine Patientin mit "Wo fehlt's denn, liebe Frau ?" an. Sie machte ihn darauf aufmerksam, dass sie stets mit "Gnädige Frau" angeredet werden wolle. Daraufhin der Arzt : "Von dieser Krankheit kann ich Sie leider nicht heilen."

Anmerkung : Bei Privatpatienten tauchen heutzutage bereits für diesen kurzen Dialog in der Arztrechnung mehrere Positionen aus der ärztlichen Gebührenordnung (GOÄ) auf, alle in diesem Fall wohl mit mindestens dem Faktor 3,5 (besonders schwieriger Fall) versehen. Oder kassiert der ansonsten als wohltätig bekannte Arzt in diesem besonderen Fall gemäß Anspruch und Leistungsfähigkeit der Patientin ein extra hohes Honorar zugunsten weniger leistungsfähiger ?

Zu eben diesem Berliner Arzt kam eine Dame, die unter starken Kopfschmerzen litt. "Was halten sie von einem alten Hausrezept ?", fragte sie den Arzt. "Eine Bäuerin hat mir ein wunderbares Mittel gegen Kopfschmerz empfohlen. Ich soll gekochtes Sauerkraut auf den Kopf legen, mindestens 2 Stunden lang." "Ausgezeichnet, aber vergessen Sie die Bratwurst nicht.", so Heims Antwort.

Anmerkung : Welchen Senf empfehlen der Herr Doktor dazu, süßen Senf, normalen Senf oder etwa scharfen Löwensenf ? Darf auch Kasseler oder Pinkel statt oder zusammen mit der Bratwurst genommen werden ? Oder gar deftiger Oldenburger Grünkohl mit allem drum und dran wie auf dem Bild ?

Eben dieser Berliner Arzt saß in seiner Stammtischrunde. Da wollte ihn einer seiner Freunde etwas ärgern und lobte einen anderen Mediziner überschwänglich : "Er ist von so edlem Charakter, dass er in vielen Fällen kein Honorar von seinen Patienten nimmt." "Das will ich gern glauben. Das sind die Fälle, in denen die Hinterbliebenen zahlen.", war die spontane Antwort des Arztes.

Anmerkung : Manch ein Arzt lebt heute nicht mehr von einer erfolgreichen Behandlung seiner Patienten. Er muss dafür sorgen, dass es genug privat versicherte Dauerpatienten gibt, die regelmäßig in seine Sprechstunde kommen müssen.

Eine Dame aus fürstlichem Hause war wegen ihrer scharfen kritischen Bemerkungen gefürchtet. Sie besuchte in der 2. Hälfte des 19. Jahrhunderts die Sternwarte der Universität Göttingen. Sie ließ sich den Mond und einige Sterne im Fernrohr zeigen. Zum Schluss fragte sie den Direktor der Sternwarte : "Und wie heißt jener helle Stern, Herr Professor ?" "Aldebaran, Hoheit." "Wie weit mag er entfernt sein ?" "Ungefähr 25 bis 30 Lichtjahre." Und nun ließ sie sich erklären, was ein Lichtjahr ist. Der Direktor, typisch Professor, erklärte es weitschweifend unter Benutzung vieler wissenschaftlicher Begriffe. "Nun, verehrter Herr Professor, es wundert mich nur, wie sie trotz der großen Entfernung den Namen des Sternes in Erfahrung bringen konnten." Das Gefolge war froh, nicht selbst das Ziel der fürstlichen Ironie zu sein, und kicherte Beifall. Der Direktor lächelte kühl : "Es ist nur ein Zufall, Hoheit. An diesem Stern war ja zum Glück noch der Lieferzettel dran."

Anmerkung : Sicher hat der Herr Direktor auch vom Sternzeichen Stier, zu dem der Aldebaran gehört, ausführlich berichtet. Tja, was sich die "von und zu's" so alles geleistet haben (und zum Teil auch heute noch leisten), ohne etwas wirklich zu leisten, nicht nur, dass sie manchmal auch "auf und davon's" waren (heute noch sind ?), das geht auf keine Kuhhaut. Aber wir dürfen auch nicht gleich alle über einen Leisten schlagen. Nur sollte man für jeden Topf den passenden Deckel haben, für jede dumme Frage die passende Antwort, genau wie dieser Herr Direktor.

Jean-Jaques Rousseau wurde einmal von einer jungen Dame nach den Eigenschaften gefragt, die eine Frau haben müsse, um ihren Mann glücklich zu machen. Rousseau schrieb auf ein Blatt Papier : Schönheit 0, Häuslichkeit 0, Bildung 0, Vermögen 0, Herzensgüte 1. Wenn ein junges Mädchen nichts weiter hat als ein gutes Herz, so gilt sie dennoch 1. Ist sie gleichzeitig vermögend oder hübsch, so gilt sie 1 und 0, also 10; hat sie andere gute Eigenschaften, kann sie auf 100, 1 000, usw. geschätzt werden. Ohne die 1 davor aber sind alle anderen Eigenschaften immer nur Nullen.

Anmerkung : Da müssen die Partnerschaftsplattformen im Internet aber ganz andere Maßstäbe anlegen, wenn sie auf „Matching 100 %" oder „Matching 97 %" kommen, um so Partnervorschläge aufgrund angeblicher Übereinstimmung zu machen. Und es gibt ja auch immer Dumme, die darauf reinfallen.

Der ehemalige englische Verteidigungsminister Denis Healey (1917 - 2015) sagte auf 1972 dem Kongress der Labour Party : "Ein junger Mann wollte mir sagen, wie man die Bedrohung durch U-Boote wirksam verhindern könnte. Man müsse nur das Meer zum Kochen bringen, so dass das Wasser verdampft, meinte er. Wenn dann die U-Boote am Meeresgrund liegen, könne man sie bequem einsammeln. Aber, wie soll man das Meer zum Kochen bringen ?, fragte ich ihn. Seine Antwort : Mister Healey, es sind Tausende von hervorragenden Wissenschaftlern für Sie tätig. Ich habe Sie auf die Idee gebracht. Nun arbeiten Sie bitte die Einzelheiten aus."

Anmerkung : Da kommst Du aus dem Staunen nicht heraus, was es für Ideen gibt. Und die Phantasten sterben nicht aus.

„Warum schickt man Menschen in den Weltraum ?" Antwort von Dr. Fred Singer (1924 - 2020), bekannter amerikanischer Atmosphären-physiker : „Der Mensch ist der einzige rückkopplungs-stabilisierte multifunktionelle Servomechanismus, der in Massenproduktion von ungelernten Arbeitern hergestellt werden kann."

Anmerkung : Tja, Geiz ist eben nicht nur bei Verbrauchern geil. Aber Mr. Singer, es geht doch nicht nur um die Produktion, sondern auch um die Ausbildung. Oder glauben Sie etwa, dass billig in Massen hergestellte Metallrohlinge bereits ohne Spezialschliff, ausgeführt von erfahrenen Schleifern, funktionsfähige Messer sind ? Na also.

Kapitel 11 : Noch mehr Trallala und Alltägliches

„Humor ist der Knopf, der verhindert, dass einem der Kragen platzt."

Worin besteht der kulturelle Unterschied zwischen einem deutschen und einem türkischen Fußballfan ? Der aus der Türkei stammende Kabarettist Serhat Dogan gibt folgende Antwort : Der deutsche Fan singt : „Schiri, ich weiß, wo Dein Auto steht." Der türkische Fan singt : „Schiri, ich weiß, wo Deine Mutter ist."

Anmerkung : Tja, Bildung kannst Du auch bei "Schalke inne Kuur-we" bekommen. Wer das nicht glaubt, kann sich ja mal in einem Stadion unter die Fans mischen. Da lernst Du dann zum Beispiel, wie musikalisch Du bist, wie gut und schnell Du neue Lieder lernst oder bekannte Songs mit neuen Worten mitsingen kannst.

Welche Sprache wurde damals im Paradies gesprochen ?

Anmerkung : Das Hauptinteresse der Forscher bezieht sich auf die erste Begegnung zwischen Adam, der ja zuerst im Paradies war und sich alleine dort langweilte, und Eva. Was hat Adam als allererstes zu Eva gesagt ? Englische Forscher bestehen auf einem Ausspruch, der im Stile von Prinz Charles bei der ersten Begrüßung von Eva so gesagt werden könnte : "Madam, I am Adam." Es wäre damals also Englisch im Paradies gesprochen worden. Die Lateinlehrer halten dagegen, es müsse Latein gewesen sein, nicht nur weil es Kirchensprache und auch älter als Englisch ist. Das von ihnen vorgeschlagene "Ave Eva (Sei gegrüßt Eva)" klingt doch auch viel galanter als das männlich-arrogante der Engländer. Und was sagen andere Völker dazu ? Welche Begrüßungsformel würden die vorschlagen ?

Wer hat Adam und Eva aufgeklärt ?

Anmerkung : Nun, Oswalt Kolle (1928 - 2010) war es sicher nicht. In den Ästen des alten Baumes der Erkenntnis wurden Tontafeln (wie auf der Briefmarke von Österreich) gefunden. Auf ihnen hat man Anweisungen entziffert, die im Stile einer neueren Programmiersprache geschrieben waren. Eine davon lautet in einer Übertragung ins Denglische (Erklärungen von Jodokus Rauschebart) :

"Beginne (Mache Liebe)

Wiederhole

  Seibereit(Eva); Machebetriebsbereit(Joystick, Adam oder Eva);

  Verbinde (Joystick; Steckdose(Eva));

Solange

  Procedure(Wäm(Adam)) LassHören(Ah-Oh-spitzer Schrei(Eva))

Bis Procedure(BigBang(Adam)) Or Procedure(Schlaffi(Adam));

Falls (Procedure(BigBang(Eva)) Dann zufrieden(Eva) Sonst unzufrieden(Eva);

Falls unzufrieden(Eva) Dann

  Beginne Goto Baum der Erkenntnis; Hole(Instruktionen);

Ende(der Unterprozedur falls unzufrieden)

(Wiederhole alles) Bis zufrieden(Eva)

Frohlocken(Adam); Frohlocken(Eva)

Ende von Mache Liebe"

Anmerkung : Warum werden Programme, die ich benutze, nicht so programmiert, dass ich ständig in Frohlocken ausbrechen kann ?

Susi : "Mein Freund kommt immer, um mich zu besuchen."
Melanie : "Meiner besucht mich immer, um zu kommen."

Anmerkung : So wenig unterschiedlich kann es klingen, wenn man den Satz ein bisschen umstellt, aber was für ein Bedeutungswandel !

Fritzchen betrachtet mit seiner Mutter das Familien-Album. „Mami, wer ist denn der Dünne mit den blonden Locken ?" „Das ist doch unser Papi." „Ja, aber wer ist dann der Dicke mit der Glatze, der bei uns wohnt ?"

Anmerkung : Hast Du schon einmal alte Fotos von Dir betrachtet ?

Von einem Komiker wurde einmal berichtet : "Wenn es um Spaß geht, versteht er keinen Spaß."

Anmerkung : Da frage ich mal : Wenn er denn mal ausnahmsweise Spaß verstehen sollte, ist es ihm dann tatsächlich Ernst ?

Eine Ehefrau fährt alleine in den Skiurlaub und lernt auch sehr schnell einen Mann kennen. Sie landen sofort im Bett. Sie lieben sich und fahren Ski, ...im Wechsel... Nach einer Woche fragt sie : "Wie heißt du eigentlich ?" - "Ich heiße Hermann." Sie : "Und wie ist dein Nachname ?" - "Das erzähle ich Dir lieber nicht... es wird nur Schwierigkeiten geben... und außerdem lachen alle, die meinen Nachnamen hören." Sie : "Ich lache ganz sicher nicht... Bitte sag ihn mir." Er zögert und sagt dann schließlich. "Ich heiße Neuschnee." Sie kriegt sich nicht mehr ein und lacht sich halb tot. Er : "Siehst du, ich habe es gewusst, auch Du lachst über meinen Nachnamen." Sie : "Nein, ich lache nicht über den Namen, sondern, dass mein Mann mich verabschiedet hat und sagte : "Ich wünsche dir einen schönen Ski Urlaub und täglich 20 cm Neuschnee."

Anmerkung : Würden Frauen ihren Männer das alles auch genau so gönnen ? Wie realistisch ist denn so etwas ? Wie sieht denn das Leben nach solch einem Urlaub aus ?

Die kleine Renate kommt in die überfüllte Drogerie, bleibt an der Tür stehen und ruft laut : "Bitte drei Dutzend Präservative, verschiedene Größen." Alles ist starr. Der Drogist fängt sich am schnellsten. "Erstens", sagt er, "schreit man nicht so. Zweitens ist das nichts für kleine Kinder und drittens schick mir mal deinen Vater vorbei." Aber Renate lässt sich nicht entmutigen. "Erstens", gibt sie zurück, "hab ich in der Schule gelernt, dass man laut und deutlich sprechen soll. Zweitens ist das nichts für kleine Kinder, sondern gegen kleine Kinder. Und drittens geht das den Vati gar nichts an. Die sind für die Mammi. Die fährt morgen drei Wochen nach Mallorca."

Anmerkung : Ja, so ist sie, unsere "Fridays for future"-Generation, nimmt kein Blatt vor den Mund, mischt sich ein, drängelt sich vor, spricht aus, was andere allenfalls nur denken, wenn die überhaupt zu denken wagen. Wo haben die jungen Leute das nur gelernt ?

Letztens habe ich mich mal wieder mit meinen Freundinnen getroffen. Ich versprach meinem Mann, dass ich um Punkt 24 Uhr wieder zu Hause sein würde. Aber wie das so ist, zwischen Cocktails, Tanz und Flirt vergaß ich die Zeit. Ich kam erst um 3 Uhr morgens zu Hause an, und das komplett betrunken. Als ich zur Tür hereinkam, fing gerade der Kuckuck an, dreimal "Kuckuck" zu rufen. Erschrocken stellte ich fest, dass der Kuckuck meinen Mann aufwecken könnte, und fing an, neunmal "Kuckuck" zu rufen. Zufrieden und stolz, in meinem Zustand noch einen so guten Einfall gehabt zu haben, begab ich mich ins Schlafzimmer. Ich legte mich ins Bett und war beruhigt dank meines schlauen Einfalls. Am nächsten Morgen beim Frühstück fragte mich mein Mann, wann ich denn letzte Nacht zu Hause angekommen sei. Ich sagte : "Um Mitternacht, wie ich es dir versprochen hatte." Er sagte nichts weiter und wirkte auch nicht weiter misstrauisch. "Ja", dachte ich mir, "gerettet. Er hegt keine Zweifel an meiner Aussage." Aber dann sagte er plötzlich : "Ach übrigens, ich denke, mit der Kuckucksuhr stimmt etwas nicht." Zitternd fragte ich : "Ach so ? Warum denn, mein Schatz ?" Und er antwortete: "Nun ja, gestern Nacht rief der Kuckuck dreimal 'Kuckuck', dann - ich kann es mir gar nicht erklären - schrie er auf einmal 'Scheiße!' und dann rief er noch viermal 'Kuckuck'. Dann übergab er sich im Flur, rief weitere dreimal 'Kuckuck', lachte sich kaputt, rief erneut 'Kuckuck', rannte die Treppe hinauf, trat dabei der Katze auf den Schwanz, stolperte über den Couchtisch, der unter dem Gewicht zerbrach, legte sich schließlich an meiner Seite ins Bett, und - begleitet von einem Furz und einem Rülpser - stöhnte er ein letztes 'Kuckuck', dann war Ruhe. Du kannst ja mal beim Uhrmacher nachfragen, ob das noch zu reparieren ist." Na denn, Kuckuck .

Anmerkung : Wer zum Kuckuck sagt denn, dass nur Männer so lange ausbleiben, um dann von ihren Frauen zu Hause sehnsüchtig und liebevoll mit Nudelrolle und Klopfer empfangen zu werden. Und wer zum Kuckuck sagt, denn, dass Männer, die offensichtlich Bescheid wissen, eine so gnädige Version zur Entlastung erfinden, so großzügig über Realitäten hinweg sehen und dabei ihren Spaß haben ?

2 Pfarrer unterhalten sich ; „Stell Dir vor, gestern kam ich nach der Messe nach Hause, liegt da meine Haushälterin splitternackt auf dem Sofa und schläft.“ „Und was hast Du getan ?“ „Ich hab sie zugedeckt und bin in mein Bett schlafen gegangen. Aber was hättest Du denn gemacht ?“ „Genauso gelogen wie Du.“

Anmerkung : Ob den Haushälterinnen von ihrem Bischof auch die "Pille danach" zugestanden wird ? Das wäre ja das mindeste, was er für die tun kann.

Ein Betrunkener torkelt auf den Parkplatz und befühlt jedes Auto am Dach. Ein Passant sieht das und fragt den Betrunkenen. „Warum betatschen sie jedes Auto am Dach ?“ „Ich muss mein Auto finden.“ „Aber wie wollen sie das am Dach erkennen ?“ „Na ganz einfach, meins hat oben drauf ein Blaulicht.“

100

Anmerkung : Die Polizei, Dein Freund und Helfer. Dieses Mal aber mal umgekehrt, wer braucht denn da freundliche Hilfe ?

In der Firma unterhalten sich zwei Angestellte. "Hast Du gehört, unser Abteilungsleiter ist tot.", sagt der eine. Darauf der andere "Ja, und ich frage mich die ganze Zeit, wer da mit ihm gestorben ist." "Wieso, wer soll denn mit ihm gestorben sein ? " "Na ja, in der Anzeige stand doch : Mit ihm starb einer unserer fähigsten Mitarbeiter."

Leistungsbeurteilung - Beispiele

"erfüllte die übertragenen Aufgaben stets zu unserer vollsten Zufriedenheit."	sehr gute Leistungen
"erfüllte die übertragenen Aufgaben stets zu unserer vollen Zufriedenheit."	gute Leistungen
"erfüllte die übertragenen Aufgaben zu unserer vollen Zufriedenheit."	durchschnittliche Leistungen
"erfüllte die übertragenen Aufgaben zu unserer Zufriedenheit."	unterdurchschnittliche, noch ausreichende Leistungen
"erfüllte die übertragenen Aufgaben insgesamt zu unserer Zufriedenheit."	mangelhafte Leistungen
"hat sich bemüht, die übertragenen Aufgaben zu erfüllen."	unzureichende Leistungen

Quelle: Die Handwerker-Fibel, Holzmann Medien.Buchverlag

Anmerkung : So geht es, wenn gewisse Standardfloskeln benutzt werden, ohne darüber nachzudenken, was sie eigentlich alles aussagen können, wie sie interpretiert werden können, welche Missverständnisse möglich sind. Da gibt es doch auch gewisse positiv wirkende Bemerkungen in Zeugnissen, die dem neuen Arbeitgeber aber etwas ganz anderes signalisieren sollen.

Das junge Paar sitzt auf der Bank im Park. Er nimmt ihre Hand und fragt : „Fräulein Gerda, darf ich um Ihre Hand bitten ?" Sie fragt zurück: „Wissen Sie denn nichts Besseres ?" „Doch schon, aber die will mich nicht haben."

Anmerkung : Was für eine unheilvolle Kombination von Missverständnis und Ehrlichkeit. Wieder geht es um eine Floskel. Sie hat etwas ganz anderes erwartet, aber er ist mit seiner Antwort und seinen Gedanken nicht bei der Sache. Ob sie ihn jetzt noch will ?

Jack, der Schwergewichtsboxer, will in der Hochzeitsnacht seiner jungen Frau imponieren. Er zieht sich das Hemd über den Kopf, löst den Hosengürtel und schreit sie an : „Sieh dir das an, hier stehen 220 Pfund Dynamit, Darling." „Ja", sagt sie traurig, „So viel Dynamit, und nur so eine kleine Zündschnur."

Anmerkung : Lach, das hat er nun davon, dieser Angeber. Da hat sie wohl mehr erwartet als solch eine in ihren Augen Bonsai-Ausführung von Zündschnur. Wie heißt es so schön : Drum prüfe, wer sich ewig bindet, ... Da waren ihre Prüfkriterien wohl etwas zu einseitig, vordergründig und oberflächlich, jedenfalls zu wenig an ihren eigentlichen Erwartungen orientiert.

„Manfred hat mir gestern im Garten ein süßes Rotschwänzchen gezeigt." sagt Biggi zu ihrer Freundin. „Gut dass du mir das sagst, dann
ist mein Lippenstift wohl doch nicht kussecht."

Anmerkung : Langsam wimmelt es hier von Witzen über Missverständnisse. Aber Spaß muss sein.

Eine neue Metzgerei wird eröffnet. Als Geschenk packt der Metzger
jedem Kunden ein Würstchen ein. Am anderen Tag kommt eine
Kundin in die Metzgerei und sagt : "Sie haben mir gestern irrtümlich
ein Würstchen dazu gepackt." - "Nein, das gabs kostenlos zur Einführung." - "Oh Gott, und ich habs gegessen."

Anmerkung : Aber liebe Frau, wo sind Sie denn mit ihren
Gedanken ? So verfressen, das Würstchen ganz alleine verzehrt, und
Sie denken nur an das Eine ? Was sollen nur der Metzger und die
anwesende Kundschaft von Ihnen denken ? Und Vorsicht, kommen
Sie beim Wort „Pinkel", so heißen die Würste auf den Bild tatsäch-
lich, nicht auf falsche Gedanken !

Kapitel 12 : Gedichte

„Ich liebe Dich, mich reizt Deine schöne Gestalt.
Und bist Du nicht willig, dann brauch ich Gewalt."

(Johann Wolfgang von Goethe, 1749 – 1832)

Erlkönig
(Das Original von Johann Wolfgang von Goethe)

Wer reitet so spät durch Nacht und Wind ?
Es ist der Vater mit seinem Kind.
Er hat den Knaben wohl in dem Arm,
er fasst ihn sicher, er hält ihn warm.

„Mein Sohn, was birgst du so bang dein Gesicht ?"
„Siehst, Vater, du den Erlkönig nicht ?
Den Erlenkönig mit Kron' und Schweif ?"
„Mein Sohn, es ist ein Nebelstreif."–

„Du liebes Kind, komm, geh mit mir !
Gar schöne Spiele spiel' ich mit dir;
manch' bunte Blumen sind an dem Strand,
meine Mutter hat manch gülden Gewand."

„Mein Vater, mein Vater, und hörest du nicht,
Was Erlenkönig mir leise verspricht ?"

„Sei ruhig, bleibe ruhig, mein Kind,
in dürren Blättern säuselt der Wind."

„Willst, feiner Knabe, du mit mir gehen ?
Meine Töchter sollen dich warten schön;
meine Töchter führen den nächtlichen Reihn
und wiegen und tanzen und singen dich ein."

„Mein Vater, mein Vater, und siehst du nicht dort
Erlkönigs Töchter am düstern Ort ?"
„Mein Sohn, mein Sohn, ich seh' es genau:
es scheinen die alten Weiden so grau."

„Ich liebe dich, mich reizt deine schöne Gestalt;
und bist du nicht willig, so brauch' ich Gewalt."
„Mein Vater, mein Vater, jetzt fasst er mich an !
Erlkönig hat mir ein Leids getan !"

Dem Vater grauset's; er reitet geschwind,
er hält in Armen das ächzende Kind,
erreicht den Hof mit Mühe und Not;
in seinen Armen das Kind war tot.

Anmerkung : Und nach diesem Original von Goethe drei moderne
Adaptionen. Viel Spaß.

Erlkönig (21. Jahrhundert)

Wer reitet so spät durch Nacht und Netze ?
Es ist der User in wilder Hetze
Er hat sein Windows fest im Arm
und auch dem Modem ist's schon warm.

"Mein Windows, was birgst du so bang dein Gesicht ?"
"Siehst du, oh User, das Virus dort nicht ?
Den Trojanerkönig mit Makro und Wurm ?"
"Mein Windows - es ist nur ein Datensturm."

"Betriebssystem, komm, geh mit mir,
gar schöne Spiele spiel ich mit dir,
manch bunte Websites sind am Strand
und auf den Servern gibt's viel Tand."

"Mein User, mein User, und hörest du nicht,
was das Virus mir leise verspricht ?"
"Sei ruhig, bleibe ruhig, mein Kind;
es piepst nur das Modem, das wieder mal spinnt."

"Willst, feines Windows, du mit mir geh'n ?
mein Makro soll dich kitzeln schön,
meine Routinen werden die Bytes dir recht schütteln,
und löschen und deine Dateien gut rütteln !"

"Mein User, mein User und siehst du nicht dort
Trojaner's EXE am düsteren Ort ?"
"Mein Windows, mein Windows, ich seh's genau,
es glimmt doch mein alter Schirm nur so grau."

"Ich lieb dich, mich reizt deine DLL;
und willst du gleich booten, dann lösch ich dich schnell !"
"Mein User, die Platte läuft an !
Trojaner hat mir ein Leid angetan."

Dem Surfer grauset´s, er klickt geschwind,
und in der Leitung das Bit gerinnt.
Er kappt die Verbindung mit Mühe und Not,
jedoch zu spät - das Windows ist tot.

Anmerkung : Muss ich etwas so Schönes noch kommentieren ?
Ergo : No Comment !

Erlkönig (Kurzfassung in Corona-Zeiten)

Wer hamstert so spät durch Nacht und Wind ?
Es ist der Deutsche, der wieder mal spinnt.
Er hat die Nudeln wohl im Arm
und Klopapier für seinen Darm.
Mein Sohn, was birgst Du so bang Dein Gesicht ?
Siehst Vater Du die Nachrichten nicht ?
Die Pandemie von Corona, die naht ?
Mein Sohn : Hygiene Dich bewahrt.
Bleib ruhig , bleib besonnen mein Kind.
Wenn beim Händewaschen wir sorgsam sind,
Dann leiden wir alle auch keine Not –
Also horte nicht Klopapier wie ein Idiot !

Anmerkung : Wer hat sie nicht gesehen, die leeren Regale und hat
sich gefragt, wofür braucht man so viel Klopapier in Tagen der Pandemie ? Aber auch so viele andere Dinge, die plötzlich ausverkauft
waren. Unverstand, verlass uns nicht !

Der Erlkönig (Fassung für Hacker)

Wer surft noch spät durch Nacht und Netze ?
Es ist der Hacker in wilder Hetze.
Er tastet und tastet.
Er tastet schnell
im Osten wird der Himmel schon hell.

Sein Haar ist ergraut, seine Hände zittern
vom unablässigen Kernspeicher füttern.
Betriebssystem, komm geh' mit mir !
Gar schöne Spiele spiel' ich mit Dir.

Da – aus dem Speicher ertönt Geflüster :
Wer poltert in meinem Basisregister ?
Nur ruhig, nur ruhig, ihr lieben Bits,
es ist doch nur ein kleiner Witz.

Mein Meister, mein Meister, sieh nur dort :
Da vorne schleicht sich ein Pointer hinfort !
Bleib ruhig, bleib ruhig, mein liebes Kind.
Ich hole ihn wieder. Ganz bestimmt.

Mein Meister, mein Meister, hörest Du das Grollen ?
Die wilden Bits durch den Kernspeicher tollen !
Nur ruhig, nur ruhig, das haben wir gleich.
Die sperren wir in den Pufferbereich.

Er feilt an seinem Programm wie besessen.
O Gott – jetzt hat er zu saven vergessen.

Am Kopf schwillt die Ader, das Keyboard erglüht,
ein Runtime-Error zerfetzt sein Gemüt.
Der Hacker, er schreit in höchster Qual,
da zuckt durch das Fenster ein Sonnenstrahl.
Der Bildschirm schimmert im Morgenrot.
Das Programm ist gestorben, der Hacker ist tot !

Anmerkung : Im Gegensatz zur Kurzfassung nahe am Original und
so richtig in die Hackerszene eingepasst.

Dunkel wars

Dunkel war's, der Mond schien helle, schneebedeckt die grüne Flur,
als ein Auto blitzesschnelle langsam um die Ecke fuhr.

Drinnen saßen stehend Leute, schweigend ins Gespräch vertieft,
als ein totgeschoss'ner Hase auf der Sandbank Schlittschuh lief.

Und auf einer grünen Bank, die rot angestrichen war,
saß ein blond gelockter Jüngling mit kohlrabenschwarzem Haar.

Neben ihm 'ne alte Schrulle, zählte kaum erst sechzehn Jahr',
in der Hand 'ne Butterstulle, die mit Schmalz bestrichen war.

Und verliebt sprach er zu ihr, mein geliebtes Trampeltier.
Augen hast Du wie Korallen, die Dir aus dem Kopfe fallen.
Und ne Nase sage ich Dir, alle Kälber gleichen Dir.

Droben auf dem Apfelbaume, der sehr süße Birnen trug,
hing des Frühlings letzte Pflaume und an Nüssen noch genug.

Von der regennassen Straße wirbelte der Staub empor.
Und ein Junge bei der Hitze mächtig an den Ohren fror.

Beide Hände in den Taschen hielt er sich die Augen zu.

Denn er konnte nicht ertragen, wie nach Veilchen roch die Kuh.

Holder Engel, süßer Bengel, furchtbar liebes Trampeltier.
Du hast Augen wie Sardellen, alle Ochsen gleichen Dir.

Und der Wagen fuhr im Trabe, rückwärts einen Berg hinauf.
Droben zog ein alter Rabe grade eine Turmuhr auf.

Ringsumher herrscht tiefes Schweigen und mit fürcherlichem Krach
spielen in des Grases Zweigen zwei Kamele lautlos Schach.

Und zwei Fische liefen munter durch das blaue Kornfeld hin.
Endlich ging die Sonne unter, und der graue Tag erschien.

Diese lustige Geschichte ist so traurig wie noch nie.
Deshalb heißt's auf Wiedersehen, bleibe bei mir, oh Marie !
Dies Gedicht von Wolfgang Goethe,
Schiller schriebs abends bei Morgenröte,
als er auf dem Nachttopf saß und seine Morgenzeitung las.

Anmerkung : Es gibt so viele Strophen dieses Liedes, von dem man meist nur, wenn überhaupt, die erste Strophe hört, und die häufig auch unvollständig ohne den zweiten Teil der ersten Zeile. Vielleicht gibt es ja auch noch mehr Verse, wer weiß ? Und wenn, dann bitte ich um Mitteilung über den Verlag.

Kapitel 13 : Schweinereien und Skandale

„Versuch nie, einem Schwein das Singen beizubringen.
Du verschwendest Deine Zeit und verärgerst das Schwein."

Schweinereien

Wer fremdgeht, ist ein Schwein.
Wer mehrmals fremdgeht, ist ein Meerschwein.
Wer viel fremdgeht, ist ein Wildschwein.
Wer sich erwischen lässt, ist ein dummes Schwein.
Wer sich nicht erwischen lässt, ist ein Glücksschwein.
Wer nur eine hat, ist ein Sparschwein.
Wer keine hat, ist ein armes Schwein.
Wer darüber spricht, ist ein Dreckschwein.
Wer immer zu Hause bleibt, ist ein Hausschwein.
Wer nicht fremdgeht, ist ein faules Schwein.
Wer unrasiert fremdgeht, ist ein Stachelschwein.
Wer an fremden Brüsten knabbert, ist ein Warzenschwein.
Wer sich selbst verrät, ist ein blödes Schwein.
Wer seinen Bauch hängen lässt, ist ein Hängebauchschwein.
Wer fremdgeht und Kinder zeugt, ist ein Zuchtschwein.
Wer mehrmals kann, ist ein Superschwein.
Wer nicht mehr kann, ist ein Schlachtschwein.

Anmerkung : Na, lieber Leser, liebe Leserin. Hast Du Dich auch irgendwo entdeckt ? Wenn ja, dann hoffentlich nur in einem erfreulichem Zusammenhang und Du kannst darüber lachen.

„Wer einen großen Skandal verheimlichen will, inszeniert am besten einen kleinen."

<u>Der Kochsalzskandal - NaCl im Kochsalz entdeckt</u>

Mehrere deutsche Institute wiesen etwa zur gleichen Zeit hohe Konzentrationen von NaCl im Kochsalz nach. Sie schlugen jetzt Alarm, nachdem festzustehen scheint, dass so gut wie alle europäischen Salzwerke betroffen sind. Ob auch das aus Meerwasser gewonnene Kochsalz diese Chemikalie enthält, wird zur Stunde geprüft. Das Bundesgesundheitsministerium hält es für wahrscheinlich, will den Ermittlungen aber nicht vorgreifen.

NaCl bedeutet „Natriumchlorid". Es ist also eine Natrium-Chlor-Verbindung. Natrium ist ein hoch aggressives Element. Es darf nicht einmal in normaler Raumluft gelagert werden, direkter Hautkontakt ist unbedingt zu vermeiden und kann zu schweren Verätzungen führen. Und was Chlor ist, weiß heute jedes Kind. Man gibt es dem Wasser in Badeanstalten zu, verwendet es zur Herstellung von Reinigungsmitteln und setzt es in Form von Chloroform zur Betäubung ein, um nur einige Beispiele zu nennen.

Und so etwas im Kochsalz ? Da fasst man sich doch an den Kopf und versteht die Welt nicht mehr. Wie kam das NaCl ins Kochsalz ? Warum wurde es erst jetzt entdeckt ? Wer sind die Verantwortlichen ? Das sind die Fragen, deren schnelle Beantwortung die Öffentlichkeit jetzt mit Nachdruck fordert.

(Steinsalz)

Der Bundesgesundheitsminister : „Wir werden die Sache rückhaltlos aufklären."

Die Opposition : „Es gibt für uns keinen Zweifel, dass die Bundesregierung auch hier wieder versagt hat."

Dr. Salinowsky vom Verband Deutsches Salz :"Natriumchlorid war auch früher schon im Kochsalz."

„Also wieder Verschleierungstaktik !", argwöhnen die Grünen. Sie vermuten atomare Aufspaltung des Salzes durch bis in große Tiefen reichende Strahlung aus den Kernkraftwerken.

Die Welt hält den Atem an, da droht schon der nächste Skandal. Bei Untersuchungen des Oeko-Instituts Hamburg wurden in Bier erschreckend hohe Konzentrationen des als Lebergift eingestuften Ethanol nachgewiesen.

Anmerkung : Da gibt es doch noch andere Stoffe außer Natriumchlorid und Ethanol, über die solche „aufklärerischen" Artikel geschrieben werden können. Liebe Lesende, es ist nie zu spät, Fakten zu lernen und Pressemeldungen kritisch zu hinterfragen, um nicht auf Fake-News reinzufallen. Es ist nie zu spät, im Internet nach weiteren Artikeln zum Schmunzeln oder sogar zum Lachen zu suchen. Auf die Homepage der Familie Ahlers (siehe Lösungen/Literatur), die diesen Artikel enthält, sei besonders hingewiesen.

Kapitel 14 : 14. Januar – Welttag der Logik

„Mit Logik kommst Du von A nach B, mit Fantasie überall hin."

(Albert Einstein, 1879 – 1955)

Als die UNESCO am 19. November 2019 den 14. Januar zum World Logic Day, zum Welttag der Logik, erklärte, geschah dies, um Logiker und ihre Freunde an diesem Tag zu vereinen. Da es zudem der Neujahrstag nach dem alten Julianischen Kalender war, sollte es also eine Feier zum Beginn eines neuen Jahres sein. Das war die ursprüngliche Begründung.

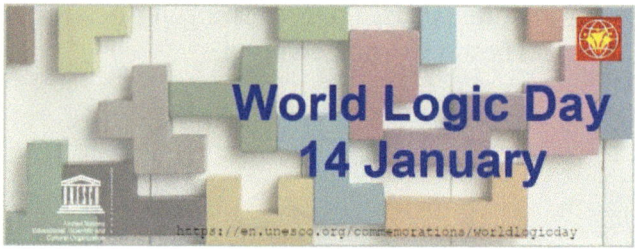

Zum anderen werden an diesem und mit diesem Tag zwei bedeutende Logiker des 20. Jahrhunderts geehrt : Der 14. Januar ist der Todestag von Kurt Gödel (1906 – 1978) und der Geburtstag von Alfred Tarski (1901 – 1989).

Alfred Tarski and Kurt Gödel in Vienna. 1935

Hier sind beide Logiker zusammen in Wien im Jahr 1935 auf einem
Bild zu sehen.

Dieses Bild von Alfred Tarski stammt aus dem Jahr 1968, als er an
der University of California in Berkeley lehrte.

Und die Fotomontage im Bild auf der nächsten Seite spricht für sich,
eine besondere Ehre für Kurt Gödel posthum, also nach seinem
Tode. Ob er der größte Mathematiker des 20. Jahrhunderts ist, wie es
das Time Magazine postulierte, oder ob er nach der Einschätzung der
bekannten Mathematiker und Logiker Hermann Weyl (1885 - 1955)
und John von Neumann (1903 - 1957) der größte Logiker seit Aristo-

teles (354 – 328 v. Chr.) war, darüber lässt sich diskutieren, jedenfalls einer größten ist er auf alle Fälle in beiden Fällen.

Überall werden Veranstaltungen für den Welttag der Logik veranstaltet, wie hier von der Universität Hamburg. Natürlich stehen bei solchen Veranstaltungen nicht nur diese beiden Logiker im Vordergrund. Schließlich ist die Bandbreite von den Anfängen bei den Griechen bis heute enorm und die Anzahl der Logiker groß, an die und an deren Werke erinnert werden kann. Wir wollen der Ausrichtung dieses E-Books treu bleiben und einige Dönekes verbreiten, die auch ernste Vorträge bei solchen Tagungen auflockern können.

Vom Barbier im flämischen Russellen wird gemunkelt, er rasiere genau diejenigen Männer von Russellen, die sich nicht selber rasieren. Die Handwerkervereinigung hält das für eine lobenswerte Geschäftsidee, zur Nachahmung empfohlen. Doch kritisch alles von möglichst vielen Seiten betrachtende Zeitgenossen fragen sich : „Rasiert sich dieser Barbier selber ?"

(Bertrand Russell, 1872 - 1970)

Anmerkung : Klingt einfach und einleuchtend, diese Geschäftsidee. Doch führt sie zu einem Dilemma : Der Barbier ist Einwohner von Russellen, also betrifft ihn obige „Definition" auch. Aber wenn er sich nicht selbst rasiert, dann muss er sich gemäß der obigen Festlegung doch selber rasieren, was er jedoch folglich nach obiger Beschreibung nicht darf. Einfach, einleuchtend, verhängnisvoll. Kenner der Materie haben die berühmte Russellsche Antinomie erkannt, die zu Beginn des vorigen Jahrhunderts eine Grundlagenkrise in der Mathematik ausgelöst hat.

Ich möchte mir ein Buch anlegen, in dem ich alle Bücher, die ich besitze und die sich nicht selber katalogisieren, katalogisiere. Gute Idee, da behält man den Überblick über seine Schätze. Nur wie ist das : Muss ich in diesem neuen Buch nicht auch dieses neue Buch katalogisieren ?

Anmerkung : Na ja, die Analogie zum Barbier ist unverkennbar. Auch hier habe ich das Dilemma : Wenn ich mir dieses Buch zulege, dann besitze ich es auch. Damit muss es sich selber katalogisieren, was aber im Widerspruch zu seiner Bestimmung steht.

Der Volksmund sagt : „Keine Regel ohne Ausnahme." Aber das ist auch eine Regel, und zwar eine ohne Ausnahmen. Also gibt es sie doch, Regeln ohne Ausnahmen.

Anmerkung : Logisch gesehen heißt das, „Aus A folgt nicht A", also ein Widerspruch, eine Paradoxie der Logik. „La logique se démen-toit", würde der Chevalier de Méré (1607 - 1684) sagen. Nun, keine Bange, die Grundlagenkrise ist überwunden und auch Paradoxien flößen exakten Wissenschaftlern keine Angst mehr ein. Es lässt sich alles korrekt aufbauen. Aber genau das darzulegen würde den Um-fang dieses Buchs bei weitem übersteigen und auch dessen Zielset-zung nicht erfüllen.

Ein Logiker hat gerade von einem übergenauen Ordnungshüter einen Strafzettel bekommen. Er ärgert sich und fragt : „Herr Wachtmeister, darf man eigentlich zu einem Polizisten „Rindvieh" sagen ?" „Nein, sollten Sie es wagen, gibt es eine saftige Strafe." „Aber darf man zu einem Rindvieh „Herr Wachtmeister" sagen ?", fragt der Logiker zurück. „Na ja, das wohl.", meint der Beamte. Darauf der Logiker. „Dann auf Wiedersehen, Herr Wachtmeister !"

Anmerkung : Ob dieser Ordnungshüter den Stich wohl verstanden hat ? Und wenn ja, was hätte er denn dagegen tun können, ohne sich lächerlich zu machen ? Zumal der Logiker ja eine andere, ganz harm - lose Interpretation für seinen Schlusssatz hat. Und sicher auch etwas gegen den Plural „Polizeien" auf der Briefmarke einzuwenden hätte.

Die Kassiererin an der Kasse eines Supermarkts fragt : "Papiertüte oder Plastiktüte ?" Darauf der Kunde, ein Logiker, wie ein Automat : "Nicht (Nicht Papiertüte und Nicht Plastiktüte)".

Anmerkung : Schon Johann Wolfgang von Goethe (1749 – 1832) bemerkte einst : "Mathematiker sind wie Franzosen. Erzählt man ihnen eine Geschichte, flugs übersetzen sie es in ihre Sprache. Und dann versteht kein normaler Mensch mehr, worum es geht." Genau diese Übersetzung in seine Gedankenwelt hat der Logiker mit seiner Antwort gemacht. Und wenn Lesende diese Antwort des Logikers nicht verstehen, dann sind sie in guter Gesellschaft. Die Antwort hat für uns Normalsterbliche ja auch keinen praktischen Nutzwert.

Sagt der Professor in seiner Vorlesung : „Das, was ich gerade sage, ist falsch."

Anmerkung : Nun, da könnte ich genauso gut schreiben : „Der Satz, den ich gerade schreibe, ist falsch." Oder : „Der Satz, den Du gerade liest, ist falsch." Nun, ich habe einen Rat meines akademischen Lehrers in Logik hin und wieder in meinen Vorträgen, aber auch im Unterricht befolgt, und solch einen Satz einfach mal rein zufällig in meine Rede/meinen Vortrag eingebaut. Gewissermaßen als Test, ob die Zuhörenden aufmerksam sind. Gerade bei fachdidaktischen Vorträgen ist das neben Witzen/Scherzen/Anekdoten eine interessante empfehlenswerte Kontrollmöglichkeit. Nun zum Inhalt : Wenn dieser Satz richtig ist, dann folgt daraus, dass er falsch ist. Ist dieser Satz aber falsch, dann folgt ganz logisch, dass das, was ich da gerade gesagt/geschrieben habe, richtig ist. Wir erhalten also eine Paradoxie, auf die Bertrand Russell aufmerksam gemacht hat, als er das Paradoxon von Epimenides (lebte im 5., 6. oder 7. Jahrhundert vor Christus, so genau weiß man das nicht) verschärft hat. Und aufmerksame Zuhörende müssten spätestens in der Diskussion am Ende des Vortrags ihre Bemerkungen zu diesem Spruch los werden. Soweit die Theorie der Aufmerksamkeitskontrolle ... lach. Welche Farbe hat noch mal die Theorie ?

Kapitel 15 : Besondere Gedenktage

„Feste muss man feiern, wie sie fallen; aber dann auch feste feiern."
(einer der Lieblingssprüche von Oma Rauschebart)

Es gibt unter den 365/6 Tagen eines Jahres eine Menge an Fest- und Gedenktagen. Wer sich in den USA umschaut, der findet jeden Tag die Möglichkeit, einen Gedenktag zu begehen, und kann in der Regel sogar noch eine Auswahl aus mehreren Alternativen treffen. Und so greife ich exemplarisch einige dieser Tage mit naturwissenschaftlichem Schwerpunkt aus den Monaten Februar bis April heraus :

04.02. Erzeuge ein Vakuum Tag

Am „Erzeuge ein Vakuum-Tag" soll ein nahezu luftleerer Raum erzeugt werden. Wenn kein Kompressor aus einem alten Kühlschrank vorhanden ist, kann auch ein Staubsauger oder eine Wasserstrahl-pumpe helfen.

Seit Aristoteles (* 384 vor Christus in Stageira; † 322 vor Christus in Chalkis auf Euböa) war man sich in der Wissenschaft sicher : Ein Vakuum, also einen leeren Raum, kann es nicht geben. Und diese Behauptung wurde so begründet : Die Natur würde einen „Horror vacui" (lateinisch für "Scheu vor der Leere") empfinden, sie schreck-te daher vor der Leere zurück. So die Argumentation. Im Mittelalter war das die Meinung der Gelehrten, die Aristoteles in diesem Punkt gefolgt sind, ohne sich eigene Gedanken zu machen.

Ganz anderer Meinung war Otto von Guericke (1602 - 1682), der Bürgermeister Magdeburgs. Er nahm zwei halbe Kugeln und saugte aus ihnen mit der eigenen Pumpe alle Luft heraus, soweit die Pumpe es schaffte. Ein fast vollkommenes Vakuum war so erzeugt. Die Ku-geln ließen sich nicht mehr trennen. Sechzehn Pferde haben es in einer öffentlichen Vorführung nicht geschafft. So triumphal verlief das Experiment des Herrn von Guericke wird berichtet.

12.02. Internationaler Darwin Tag.

Happy Birthday Charles Robert Darwin (1809 – 1882). Dieser Tag ehrt einen der großen britischen Wissenschaftler und Naturforscher des 19. Jahrhunderts. 1838 verfasste er seine Theorie von der Anpassung an den Lebensraum durch Variation und natürliche Selektion. Damit waren die Grundlagen der heutigen Evolutionslehre geboren. Die in Darwins *Über die Entstehung der Arten* (englisch: *On the Origin of Species*) ausformulierte Evolutionslehre gehört zu den Theorien, die unser modernes Weltbild stark geprägt haben. Dieser Gedenktag soll in der Öffentlichkeit für die Naturwissenschaften werben (*promote public education about science*). Der erste Darwin-Tag wurde am 22. April 1995 an der Universität Stanford in den USA begangen, weitere Universitäten folgten in den nächsten Jahren.

13.02. Internationaler Tag des Radios.

Am 13. Februar wurde 1946 das Radio der Vereinten Nationen (UN Radio) gegründet. Daran möchte die UNESCO ebenso erinnern wie an die Erfinder aus vielen Ländern, die dem Radio den Weg bereiteten : Heinrich Hertz (1857 - 1894), Alexander Popov (1859 - 1905), Edouard Branly (1844 - 1940), Nikola Tesla (1856 - 1943), Guglielmo Marconi (1874 - 1937), Oliver Lodge (1851 - 1940), Cervera Baviera (1854 - 1927), Jagadish Chandra Bose (1858 - 1937) und viele andere.

18.02. Tag der Batterie.

An diesem Tag wird eine Verbindung zum Geburtstag des Erfinders der Batterie, dem italienischen Physiker und Mitbegründer der Elektrizitätslehre Alessandro Giuseppe Antonio Anastasio Graf von Volta (18. Februar 1745 – 5. März 1827) hergestellt. Der Physiker, der meist in der Kurzform Alessandro Volta genannt wird, präsentierte das erste funktionsfähige galvanische Element 1800 in Form der sogenannten Voltasäule. Diese an der Royal Society in London der Öffentlichkeit vorgestellte Anordnung gilt heute als der Vorläufer der modernen Batterie. Auf der italienischen Briefmarke ist eine Voltasäule rechts im Bild zu sehen.

Volta griff bei der Entwicklung dieser energieliefernden Konstruktion auf eine Entdeckung des italienischen Mediziners Luigi Galvani (1737 – 1798) zurück, der 1780 durch Experimente mit Froschbeinen eher zufällig eine Muskelkontraktion entdeckte, die auf einem Kontakt der miteinander verbundenen Elemente Kupfer und Eisen basierte. Auf der Briefmarke ist diese Versuchsanordnung rechts zu sehen.

Auch wenn dies zunächst eine unwissentliche Entdeckung eines Stromkreises war, spricht man zu Ehren Galvanis bei Batterien auch heute noch von Galvanischen Zellen. Die Erfindung von Volta führte dann zur Entwicklung der Trockenbatterien durch den deutschen Mediziner und Uhrmacher Carl Gassner (1855 – 1942), der sich diese 1887 auch patentieren ließ. 1901 brachte der deutsche Erfinder und Unternehmer Paul Schmidt (1868 – 1948) die erste mobile Trockenbatterie für Taschenlampen (beides Erfindungen von ihm) unter dem Namen Daimon auf den Markt. Und sogar auf einen italienischen Geldschein hat es Volta mit seiner Voltasäule geschafft.

07.03. Alexander Graham Bell Tag.

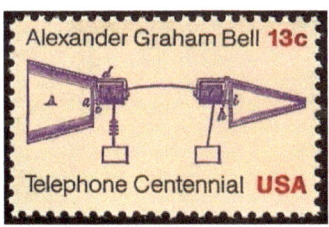

Der 7. März steht in der kanadischen Provinz Nova Scotia ganz im Zeichen des US-amerikanischen Erfinders und Großunternehmers Alexander Graham Bell (1847 – 1922), der vor allem für die Marktreife des Telefons bekannt geworden ist. Zu seinen Ehren feiert man dieses Datum in der ostkanadischen Atlantikprovinz als den regionalen Alexander Graham Bell Day. Am 7. März 1876 erhielt Bell das Patent für die Entwicklung und Einführung des Telefons zu einem gebrauchsfähigen System. Im Kern handelte es sich bei diesem Gerät um eine Kombination der Möglichkeiten eines Telegraphen und eines Schallplattenspielers, mit dem Sprache als elektromagnetischer Impuls über einen Draht bzw. ein Kabel übertragen werden konnte. Genau das wird auf der Briefmarke dargestellt.

31.03. Nationaler Bunsenbrenner-Tag

Zum Andenken an den deutschen Chemiker Robert Wilhelm Bunsen (1811 – 1899) wird am 31. März in den USA der National Bunsenburner Day gefeiert. Bunsen wurde populär als Erfinder des nach ihm benannten Bunsen-Brenners. Darüber hinaus entwickelte er das Gegenmittel für Arsenvergiftungen und eine elektrolytische Methode zur Erzeugung von metallischem Magnesium. Mit dem Physiker Gustav Robert Kirchhoff (1824 – 1887) begründete er die Spektroskopie. So wurde erst mit seiner Spektralanalyse die Bestimmung der chemischen Beschaffenheit der Himmelskörper möglich.

04.04. Nationaler Tag des Vitamin C

Am 4. April wird in den USA der Tag des Vitamin C begangen und die erstmalige Isolierung durch den US-amerikanischen Biochemiker Charles Glen King (1896 – 1988) gefeiert. King hatte 1931 an der Universität Pittsburgh als erster Amerikaner Ascorbinsäure aus Zitronensaft isoliert und damit das Vitamin C entdeckt. Seine Entdeckung veröffentlichte er in einem Artikel am 4. April 1932 in der Fachzeitschrift "Science". Nur zwei Wochen später erschien die Publikation des Ungarn Albert Szent-Györgyi im Journal „Nature". Zeitgleich mit King gelang Szent-Györgyi die Isolation des heute als „Ascorbinsäure" bekannten Stoffs.

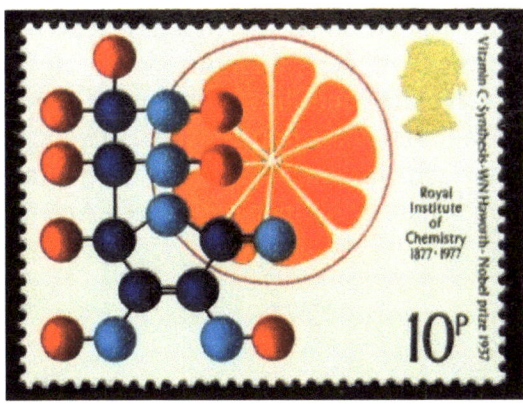

Die genaue chemische Struktur von Vitamin C klärte 1933 der britische Chemiker Sir Walter Norman Haworth (1883 - 1950) auf, der dafür 1936 den Nobelpreis für Chemie erhielt (siehe Briefmarke aus Großbritannien).

Bereits im 18. Jahrhundert hatten Wissenschaftler daran gearbeitet, Behandlungsmethoden gegen die Seefahrerkrankheit Skorbut zu finden. Insbesondere Matrosen auf langen Entdeckungsreisen litten unter Symptomen wie Erschöpfung, Zahnfleischbluten, Zahnausfall und Muskelschwund – mit damals noch nicht bekannter Ursache. In den 1750ern fand der schottische Arzt James Lind (1716 - 1794) in einem der ersten kontrollierten Experimente der Medizingeschichte heraus, dass Zitrusfrüchte einen positiven Effekt bei der Therapie von Skorbut-Patienten zeigten. Vitamine waren zu dieser Zeit noch unbekannt, und so führte Lind die Wirkung auf den Säuregehalt der Früchte zurück, was sich als Irrtum herausstellte, als die Royal Navy Limetten statt Zitronen einsetzte. Limetten haben zwar einen höheren Säuregehalt als Zitronen, aber einen geringeren Anteil an Vitamin C.

25.04. Nationaler Telephon Tag.

National Telephone Day
www.NationalDayCalendar.com

Dieser Tag wird in den USA immer noch begangen, obwohl es inzwischen am 17.5. den Internationalen Telekommunikationstag gibt.

Wir wollen der Zielsetzung dieses Buches treu bleiben und hier einige Anekdoten, die in diese Kategorie passen, wiedergeben.

Der Jenaer Naturforscher und Philosoph Ernst Haeckel (1834 - 1919) hatte viele Widersacher. Einmal wollte ihn einer davon provozieren und fragte : „Sagen Sie, Herr Professor, wenn ich an die Abstammungslehre denke, stamme ich dann vom Affen ab ?" Haeckel verzog keine Miene : „Da bin ich mir nicht sicher, mein Herr. Ganz gewiss aber Ihre Sprösslinge."

Anmerkung : Eine Klasse Reaktion. Ob der fragende Provokateur wohl den Stich – es muss ja nicht immer Säbel sein, Florett ist häufig wirkungsvoller - verstanden hat ? „Es ist doch merkwürdig, dass gerade diejenigen Professoren am meisten gegen die Abstammung vom Affen protestieren, die sich bezüglich ihrer Gehirnentwicklung am wenigsten von ihm entfernt haben.", ein anderes Zitat von Haeckel. Im oberen Bild eine Briefmarke mit einer Zeichnung von Haeckel.

Besucher beschwerten sich bei Thomas Alva Edison (1847 - 1931), dass sein Gartentor schwer zu öffnen sei. "Ein Genie wie Du müsste doch ein besser funktionierendes Tor konstruieren können", meinte einmal ein Freund. "Mein Tor ist genial konstruiert," lachte Edison. "Es ist mit einer Wasserpumpe verbunden. Jeder Besucher pumpt automatisch 20 Liter aus der Zisterne in einen Vorratsbehälter im Haus."

Anmerkung : Pfiffig dieser Thomas Alva, ein wahres Genie.

Ein amerikanischer Schriftsteller widmete sein neuestes Buch Thomas Alva Edison (1847 - 1931) mit den Worten "Mr. Thomas A. Edison, dem genialen Erfinder der ersten Sprechmaschine!" Edison antwortete : "Mein Herr, Sie befinden sich in einem Riesenirrtum; denn die erste Sprechmaschine ist lange vor meiner Zeit erschaffen worden. Gott baute sie, hm! … aus einer Rippe Adams. Er vergaß nur, eine Abstellvorrichtung anzubringen. Und sie funktioniert besser als meine, die jedes Kind mit einem Handgriff ruinieren kann."

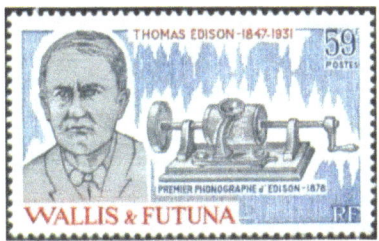

Anmerkung : Ist das nun eine Quasselzicke, eine Quasselmieke oder eine Quasselstrippe, auf die Thomas Alva Edison da anspielt ? Auf der Briefmarken von Wallis & Futuna ist diese Maschine abgebildet, weiter oben eine andere Erfindung von Edison, die Glühbirne.

Philipp Reis (1834 - 1874) führte 1861 das allererste Telefongespräch. Er war aufgeregt. Was sollte er nur sagen ? In seiner Aufregung sprach er die tiefsinnigen Worte aus : "Pferde fressen keinen Gurkensalat." "Das weiß ich längst, Du Idiot.", rief sein Gesprächspartner zurück. So also verlief das erste Telefongespräch, das auf der Erde geführt wurde.

Und auch von Alexander Graham Bell gibt es solch eine Geschichte vom ersten Gespräch : Mit seinem Telefonapparat übermittelte Bell am 10. März 1876, also nur drei Tage nachdem er das Patent erhalten hatte, die erste Sprachnachricht an seinen Mechaniker Thomas A. Watson (1854 – 1934). Der angebliche Inhalt dieser Botschaft : „Watson, come here. I need you"; denn der Legende nach hatte sich

Bell versehentlich Säure über seine Laborkleidung geschüttet und deshalb Watson zu Hilfe gerufen.

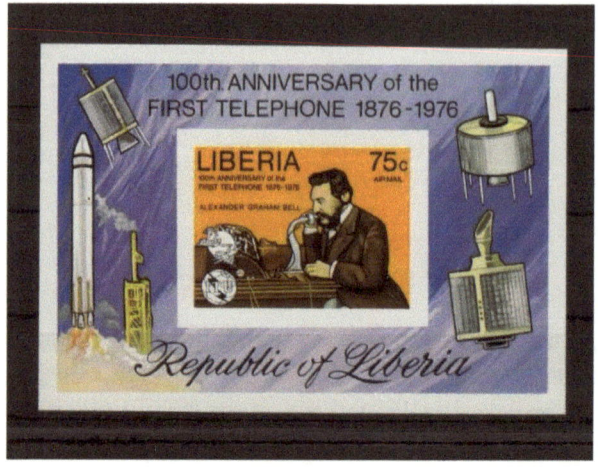

Anmerkung : Tja, so war das früher. Als alles fertig war, blieb keine Zeit zum Überlegen, was zur Einweihung gesagt werden sollte. Hat Philipp Reis wohl solch einen ungewöhnlichen Satz gesprochen, weil er offenbar auf diese Weise Beobachter überzeugen wollte, dass seine Nachricht durch den dünnen Draht übermittelt worden ist und nicht auf andere Weise ? Graham Bells erste Worte waren eben ein spontaner Hilferuf, aus der Not geboren. Heute ist das ja alles anders. Da werden Großprojekte vom Ende her geplant. Wer eingeladen wird, wer die Einweihungsfeier bezahlen soll, ob die Annahme von Sponsorengeldern politisch korrekt ist, wer was sagt und so weiter und so fort. Und dabei werden so unwichtige Planungsgegenstände wie zum Beispiel, ob ein Großflughafen einen Brandschutz wirklich braucht, oder dass bei einem neuen Hafen die Spundwände keine Risse bekommen dürfen und andere „Nebensächlichkeiten" im Vergleich zur Einweihung ganz außen vorgelassen. Oder ob sich ein Segelschulschiff noch lohnt, insbesondere, wenn es aufwändig repariert werden muss. Aber letztlich geht es doch nach der Devise : Das macht doch nichts, das merkt doch keiner. Hauptsache, die Einweihung und vor allem die Einweihenden haben genug Gelegenheit, sich öffentlich zu präsentieren und Publizität zu bekommen.

Guglielmo Marconi (1874 - 1937) wurde einmal gefragt, ob neue Entdeckungen oder neue Erkenntnisse nicht eine besondere Begabung voraussetzen. Er dachte eine Zeit lang nach und antwortete dann : "Ein wenig schon. Aber man soll auch nicht übertreiben. Es ist wohl so wie bei einem Esel, der über einen Goldklumpen stolpert, sich den Fuß verstaucht und sich darüber ärgert, während ein heller Kopf den Goldklumpen aufhebt und sehr wohl etwas damit anzufangen weiß."

Anmerkung : Na, dann sei mal kein Esel, sondern bleibe cool und behalte einen hellen Kopf. Und dennoch : Hast Du schon einmal einen Goldklumpen gefunden ? *Na also : Cool bleiben, hellen Kopf behalten und suchen, suchen und suchen ... Und wenn er/sie nicht gestorben ist, dann sucht er/sie noch heute.

Schon sehr früh zeigte Heinrich Hertz eine ungewöhnliche Begabung für Mathematik und Physik, aber auch für praktische technische Fragen, und er galt als besonders fleißig. Trotzdem erzählt eine Anekdote, dass sich Hertz in seinen ersten Studienjahren in München wenig um den Vorlesungsbetrieb kümmerte, sondern lieber Museen und Theater besuchte. Als Entschuldigung schrieb er seinem Vater in Hamburg : „Hier ist leider beständig Feiertag, so dass von einem ordentlichen Kolleg eigentlich keine Rede sein kann"."

Anmerkung : Tja, so ist es. Wie der Vater wohl auf diese Ausrede reagiert hat, ist leider nicht überliefert. Konnte er zu dem Zeitpunkt denn ahnen, wie berühmt sein Sohn werden sollte ?

Nikola Tesla (1856 – 1943) berechnete in seiner Jugend immer den Rauminhalt von Suppentellern, Kaffeetassen und Lebensmitteln und meinte : „Wenn ich das nicht tat, schmeckte mir mein Essen nicht".

Anmerkung : Es ist schon interessant, welche Vorlieben da bei berühmten Personen zu Tage treten, aber auch welche Fähigkeiten. Und es macht sie so menschlich. Ob Mathematiklehrer, die sogar im Abitur gerne rotationssymmetrische Körper (Wassergläser, Suppentassen, etc) modellieren und Volumina sowie Oberflächen berechnen lassen, dies wohl von ihrem prominenten Vorbild abgeschaut haben ?

Na ja, den „Morse Code Day" feiern die USA am 27.04. und ehren damit den Erfinder Samuel Morse (1791 - 1872). Vorher darf jeder am 11.01. am „Learn your Name in Morse Code Day" den Morse-Code einüben und am Weltamateurfunktag am 18.04. weiter vervollkommnen. Wie gesagt, es gibt wohl kaum einen Anlass, zu dem es in den USA nicht einen National Day gibt.

Kapitel 16 : Zitate

War es ein Gott, der diese Zeichen schrieb, die mit geheimnisvollem Trieb das Innere der Natur vor mir enthüllen und mir das Herz mit stiller Freude füllen ?

(Ludwig Boltzmann über die Maxwellschen Grundgleichungen der Elektrodynamik)

Prediction is very difficult, especially about the future.

Das Denken gehört zu den größten Vergnügungen der menschlichen Rasse.

(Berthold Brecht, 1898 - 1956)

Phantasie ist wichtiger als Wissen.

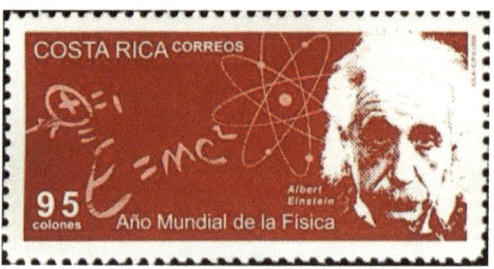

(Albert Einstein, 1879 – 1955)

In dieser Welt ist nichts gewiss, außer dem Tod und den Steuern.

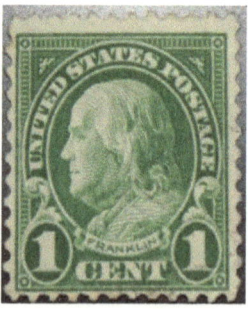

(Benjamin Franklin, 1706- 1790)

Vor allem muss man die Begriffe verstehen, die unseren Worten zugrunde liegen, um sie zu diskutieren, wenn sie unsere Gedanken, unsere Fragen, unser Schwanken ergreifen, damit im endlosen Streit kein Wort unerklärt bleibt oder wir keine leeren Worte benutzen.

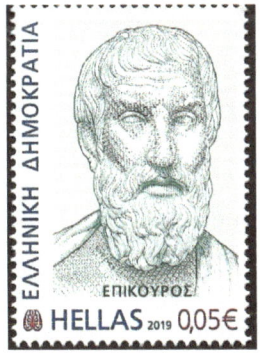

(Epikur, 341 – 270 v. Chr.)

Das Verständnis der Gründe dessen, was vor sich geht,
bedeutet viel mehr als die bloße Kenntnis der Fakten.

(Galileo Galilei, 1564 - 1642)

Die Naturphilosophie ist in dem großen Buch verzeichnet, das offen vor unseren Augen liegt, nämlich der realen Welt. Wir werden dieses Buch aber nicht lesen können, bevor wir nicht die Sprache gelernt und uns mit den Zeichen vertraut gemacht haben, in denen es geschrieben ist. Es ist die Sprache der Mathematik, und die Schriftzeichen sind Dreiecke, Kreise und andere Symbole, ohne deren Kenntnis der Inhalt jenes Buches nicht verstanden werden kann.

(Galileo Galilei)

Oft ist Genauigkeit eine Tugend, häufiger ein Laster.

(Carl-Friedrich Gauß, 1777 - 1855)

Daran erkenn ich den gelehrten Herrn ! Was ihr nicht tastet, steht euch meilenfern, was ihr nicht fasst, das fehlt euch ganz und gar, was ihr nicht rechnet, glaubt ihr, sei nicht wahr, was ihr nicht wägt, hat für euch kein Gewicht, was ihr nicht münzt, das, meint ihr, gelte nicht ! (Johann Wolfgang von Goethe, Mephistopheles in Faust II,1)

Eigentlich weiß man nur, wenn man wenig weiß; mit dem Wissen wächst der Zweifel. (Johann Wolfgang von Goethe)

Wer nichts Unerwartetes erwartet, wird das Unerwartete nicht finden, weil es schwer aufspürbar und unzugänglich ist.

(Heraklit, 520 – 460 v. Chr.)

Langweilig zu sein, ist die ärgste Sünde des Unterrichts.
(Johann Friedrich Herbart, 1776 - 1841)

Ein Scherz, ein lachend Wort entscheidet oft die größten Sachen
treffender und besser als Ernst und Schärfe.
(Horaz, 65 – 8 v. Chr.)

Es gibt nichts Gutes, außer : man tut es.

(Erich Kästner, 1899 - 1974)

Sapere aude !
Habe Mut, dich deines eigenen Verstandes zu bedienen !

(Immanuel Kant, 1724 – 1804)

Es gibt nichts praktischeres als eine gute Theorie. (Immanuel Kant)

Sage es mir, und ich vergesse es.
Zeige es mir, und ich erinnere mich.
Lass es mich tun, und ich behalte es.
(Konfuzius, 551 – 479 v. Chr.)

Wissen, was man weiß, und wissen, was man nicht weiß,
ist das Kennzeichen eines Wissenden. (Konfuzius)

Ein Teil des Geheimnisses der Analyse besteht aus der Kunst,
die Zeichen, derer man sich bedient, gut zu gebrauchen.

Keinerlei Glaubwürdigkeit ist in jenen Wissenschaften, die sich der
mathematischen Wissenschaften nicht bedienen oder keine Verbindung zu ihnen haben.

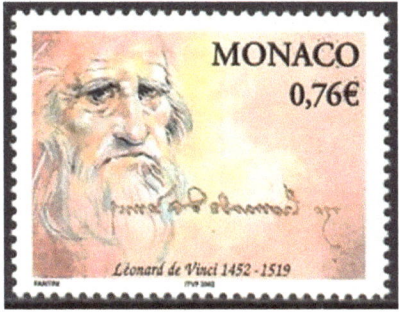

Corriger la fortune. (Gotthold Ephraim Lessing, 1729 - 1781))

Wer über gewisse Dinge den Verstand nicht verliert,
der hat keinen zu verlieren. (Lessing)

Wenn ein Buch und ein Kopf zusammenstoßen,
und es klingt hohl - ist es allemal im Buch ?

Man kann der Wahrheit nicht mehr schaden als mit dem Bestreben,
sie auf falschen Schlussfolgerungen aufzubauen.

(Pierre Louis Moreau de Maupertuis, 1698 – 1759)

Die Wahrheit triumphiert nie, ihre Gegner sterben nur aus.

Man kann beim Studium der Wahrheit drei Hauptziele haben :
einmal : sie zu entdecken, wenn man sie sucht;
dann : sie zu beweisen, wenn man sie besitzt;
zum letzten : sie vom Falschen zu unterscheiden, wenn man sie prüft.

Manche Menschen würden eher sterben als nachdenken.
Und sie tun es auch. (Bertrand Russell, 1872 – 1970)

Sicherheit geht vor Seltenheit. (Karl Valentin)

Es führt kein Weg von dem, was ist, zu dem, was sein soll.

Scherzhafte Beispiele haben manchmal größere Bedeutung als ernste.

Erfahrung ist die Bezeichnung, die jeder seinen Fehlern gibt.
(Mark Twain, 1835 - 1910)

Immer wenn man die Meinung der Mehrheit teilt, ist es Zeit, sich zu besinnen. (Mark Twain)

Die Grenzen meiner Sprache bedeuten die Grenzen meiner Welt.

(Ludwig Wittgenstein, 1889 - 1951)

Alle Flüsse werden überschreitbar,
wenn man sich den Quellen nähert.

(Xenophon, ca. 430 – ca. 354 v. Chr.)

Lösungen/Literatur

„Die Wissenschaft, sie ist und bleibt, was einer ab vom andern schreibt - doch trotzdem ist, ganz unbestritten, sie immer weiter fortgeschritten."

(Eugen Roth, 1895 – 1976)

Frage aus Kapitel 2 :
In der Mathematik kann überzeugend begründet werden, warum man nicht durch 0 dividieren kann und darf. In der Praxis kann es aber vorkommen, dass man durch 0 teilen muss. Wo ist dies der Fall ?

Hier die versprochene Lösung :
Immer dann, wenn es ein Vermögen zu vererben gibt, aber keine Erben vorhanden sind, trifft dieser Fall ein. Hier müsste also das Vermögen auf 0 Personen verteilt, also durch 0 dividiert werden. In diesem Fall ist es gesetzlich geregelt, dass der Staat das gesamte Vermögen erhält, es also per Gesetz einen Erben gibt und die Division durch 0 nicht vorkommen kann.

Umgekehrt ist es hingegen ganz einfach : Wenn es nichts zu vererben gibt, dafür aber Erben da sind, bekommt eben jeder Erbe nichts. 0 dividiert durch etwas ungleich 0, ergibt eben 0.

Zwei Fragen aus Kapitel 6 :
Frage : Welche Vögel können nicht hören ?

Antwort :
Natürlich die tauben, nicht zu verwechseln mit die Tauben ... lach, aber beim Sprechen hörst Du ja keinen Unterschied, der ist nur beim Schreiben wichtig.

Frage : Was ist der einzige Mist, auf dem nichts wächst ?

Antwort : Der Pessimist

Literatur (Auswahl)

Hubert Cremer : Carmina Mathematica. Aachen, TU 1962
Ewald Oetzel/W. Polte : Der gescholtene Thales. Frankfurt/M, Harri Deutsch 1989
Alfred Schreiber : Die Leier des Pythagoras. Wiesbaden, Vieweg+Teubner 2010
Hans Heinrich Vogt : Das lachende Labor. Köln, Aulis 1976

Weitere interessante Literatur ist in der hier zitierten Literatur zu finden. Das Internet bietet eine Fülle von weiteren Quellen. Davon seien besonders erwähnt :
https://www.janko.at/Humor/
https://www.familie-ahlers.de/

Briefmarken aus der eigenen Motivsammlung und eigene Vorlagen wurden eingescannt. Die restlichen Bilder wurden dem Internet entnommen und Quellen, soweit bekannt, genannt. Alle Bilder wurden bearbeitet.

Jodokus Rauschebart genießt seinen wohlverdienten Ruhestand, studierte Mathematik, Physik und mathematische Logik, war Fachlehrer für Mathematik und Physik an einem Gymnasium, war Fachberater für Mathematik in der Schulaufsicht, hatte einen Universitäts-Lehrauftrag für Didaktik der Mathematik, hielt Vorträge und veröffentlichte über Themen des Mathematikunterrichts.

Dieses Buch ist in einer Printversion und auch als E-Book erhältlich. Von Jodokus Rauschebart sind bei BoD als E-Books erschienen :
„Strandgut – vom Strandvogt aufgesammelt.",
„Lachen über Mathematik und anderer Unfug",
„Lachen und Staunen über Mathematik – schmunzelndes Nachdenken erwünscht.".